普通高等教育食品科学与工程类"十二五"规划实验教材

食品化学实验

庞杰　敬璞　主编

中国林业出版社

内 容 简 介

本教材重点在于观察分析食品成分在加工、贮藏过程中的化学、物理变化。在实验层次设计上，本教材按照培养创新人才实验的形成创新"基于竞赛、培养能力"的实践教学教材体系，培养学生的实践创新能力要求，设计了3个层次的实验内容，即基础实验、理论验证性实验、探索性综合实验。基础实验是针对未开展分析类实验课程的学生设计的一些基础分析类教学实验。理论验证性实验是保持原有食品化学实验课程中与食品化学理论教学联系紧密的课堂教学内容验证性实验。探索性综合实验在理论教学的基础上，深化或应用理论教学的知识，加强理论知识融和，并提高学生自身能力、培养团队精神和创新能力以便确立"需求导向、思维创新、素质拓展"的人才培养方向。此外，为配合相关实验的开展，相关仪器的原理、操作与维护等知识将在附录里详细介绍。

图书在版编目（CIP）数据

食品化学实验/庞杰，敬璞主编 . —北京：中国林业出版社，2014.9（2021.7 重印）
普通高等教育食品科学与工程类"十二五"规划实验教材
ISBN 978-7-5038-7642-4

Ⅰ.①食… Ⅱ.①庞… ②敬… Ⅲ.①食品化学－实验－高等学校－教材 Ⅳ.①TS201.2-33

中国版本图书馆 CIP 数据核字（2014）第 214112 号

中国林业出版社·教育分社

策划、责任编辑：高红岩
电话：83143554　　　　　　　　　　传真：83143516

出版发行	中国林业出版社（100009　北京市西城区德内大街刘海胡同7号）
	E-mail:jiaocaipublic@163.com　电话:(010)83143500
	http://www.forestry.gov.cn/lycb.html
经　　销	新华书店
印　　刷	中农印务有限公司
版　　次	2014年9月第1版
印　　次	2021年7月第2次印刷
开　　本	787mm×1092mm　1/16
印　　张	8.25
字　　数	190千字
定　　价	24.00元

未经许可，不得以任何方式复制或抄袭本书之部分或全部内容。

版权所有　侵权必究

普通高等教育食品科学与工程类"十二五"规划实验教材
编写指导委员会

主任 罗云波（中国农业大学食品科学与营养工程学院，教授）

委员（按拼音排序）

　　陈宗道（西南大学食品科学学院，教授）

　　程建军（东北农业大学食品学院，教授）

　　迟玉杰（东北农业大学食品学院，教授）

　　江连洲（东北农业大学食品学院，教授）

　　李洪军（西南大学食品科学学院，教授）

　　李里特（中国农业大学食品科学与营养工程学院，教授）

　　廖小军（中国农业大学食品科学与营养工程学院，教授）

　　任发政（中国农业大学食品科学与营养工程学院，教授）

　　赵国华（西南大学食品科学学院，教授）

　　赵新淮（东北农业大学食品学院，教授）

《食品化学实验》编写人员

主　　编　庞　杰　敬　璞
副 主 编　王　军　王喜波　王雅立　温成荣
参 编 人 员　(按拼音顺序)
　　　　　　陈继承（福建农林大学）
　　　　　　冯一兵（东北农业大学）
　　　　　　郭　娟（广东药学院）
　　　　　　何明祥（福州市工业产品生产许可证审查技术中心）
　　　　　　敬　璞（上海交通大学）
　　　　　　李美英（华南农业大学）
　　　　　　梁文娟（云南农业大学）
　　　　　　林慧敏（浙江海洋学院）
　　　　　　刘晓丽（广东工业大学）
　　　　　　庞　杰（福建农林大学）
　　　　　　王洪伟（西南大学）
　　　　　　王　军（中国农业大学）
　　　　　　王丽霞（闽南师范大学）
　　　　　　王喜波（东北农业大学）
　　　　　　王雅立（福建中医药大学）
　　　　　　温成荣（大连工业大学）
　　　　　　吴先辉（宁德职业技术学院）
　　　　　　张甫生（西南大学）
　　　　　　张　辉（浙江大学）

前 言

食品化学是食品科学与工程专业一门实验性和应用性很强的专业基础课。食品化学实验课程是针对教学课堂讲授的理论知识部分通过实验的形式进行研究和验证。目前，我国很多大学的食品化学实验参照了食品分析实验课程的内容，不能充分体现食品化学实验的内涵，弱化了食品化学实验课的重要性。食品化学和食品分析重要区别在于，食品化学侧重分析食品加工贮藏中的化学变化及引起变化的原因，而食品分析强调的是食品物质的分析方法和手段。

本教材作为"普通高等教育食品科学与工程类'十二五'规划实验教材"中的一种，在许多同行老师、专家的关心和帮助下，在中国林业出版社的大力支持下，终于出版发行。设计这本实验教材的目的是通过分析食品加工贮藏中的化学变化及引起变化的原因，验证理论课所阐述的食品化学原理。食品化学基础实验是为学生提供一个分析方法和手段；而食品化学理论验证性实验可使学生在实验中更加清楚、直观地认识到食品成分在加工、贮藏过程中的改变以及最终对食品品质的影响；探索性综合实验则可使学生熟悉报道有关食品研究的主要文献刊物，且更加熟悉实验方案设计、执行和报告总结。

本教材由福建农林大学庞杰、上海交通大学敬璞任主编，中国农业大学王军、东北农业大学王喜波、福建中医药大学王雅立、大连工业大学温成荣任副主编。参加编写的有：福州市工业产品生产许可证审查技术中心何明祥、福建农林大学陈继承、东北农业大学冯一兵、西南大学张甫生、浙江海洋学院林慧敏、西南大学王洪伟、闽南师范大学王丽霞、华南农业大学李美英、广东工业大学刘晓丽、宁德职业技术学院吴先辉、浙江大学张辉、云南农业大学梁文娟、广东药学院郭娟。

《食品化学实验》正式出版的实验教材比较少。实验教学是食品化学课程重要的环节之一。我们感到有必要出版一本与之配套的实验教材，本教材主要是在福建农林大学、上海交通大学、中国农业大学、东北农业大学、西南大学、福州市工业产品生产许可证审查技术中心等《食品化学实验》多年讲义的基础上扩展补充而成，其中许多内容也是长期的教学工作实践经验总结。教材把实验与加工进行结合，有较强的实用性和先进性。本教材可供高等院校食品科学与工程类和商品检验、农副产品加工等专业作为《食品化学》课程的配套实验教材，也可供食品卫生检验、食品质量监督、各类食品企业等单位的有关技术人员参考。

本教材在编写过程中得到了许多人员的支持和帮助，限于编者的水平及时间关系，书中的不妥及错误之处，恳请读者批评指正。

编者

2014 年 3 月

目 录

前　言

实验室须知 ·· (1)
食品评价 ·· (9)

第1篇　基础实验 ··· (13)
　实验1　水分含量和水分活度关系 ·· (15)
　实验2　pH值和酸度 ··· (20)
　实验3　还原糖的检测 ··· (23)
　实验4　油脂过氧化值、碘值、酸价分析 ··· (25)
　实验5　维生素C含量分析 ·· (30)
　实验6　淀粉的糊化温度测定 ·· (33)
　实验7　酶活力测定 ·· (35)
　实验8　食品流变性和质构测定 ·· (37)

第2篇　理论验证性实验
　　　　——食品成分在加工、贮藏过程中的变化 ······································ (41)

加工、贮藏中引起色变的化学基础

　实验9　非酶褐变——美拉德反应及影响因素 ·· (43)
　实验10　淀粉酶酶促反应影响因素分析 ·· (45)
　实验11　漂烫和pH值对果蔬的色变影响 ·· (48)
　实验12　猪肉肌红蛋白颜色变化影响因素分析 ·· (49)

加工、贮藏对食品主要成分物性的影响

　实验13　淀粉的微观结构与凝胶 ··· (51)
　实验14　脂肪的乳化能力 ·· (54)
　实验15　脂肪的可塑性 ··· (56)
　实验16　温度、食品其他成分对蛋白质起泡性的影响 ····························· (58)
　实验17　pH值、蔗糖浓度等对蛋白质凝胶作用的影响 ··························· (61)
　实验18　pH值、磷酸盐对肌肉蛋白质水合能力的影响作用 ···················· (63)

实验 19　面筋的制备 …………………………………………………………… (65)
　　实验 20　高甲氧基果胶酯化度的测定 ………………………………………… (67)

　　　　　　　加工、贮藏中引起气味变化的化学基础

　　实验 21　热加工方式制备烘焙糕点 …………………………………………… (69)
　　实验 22　抗氧化剂对油脂氧化酸败的影响 …………………………………… (71)
　　实验 23　氨基酸种类对美拉德反应风味和颜色的影响 ……………………… (73)

第 3 篇　探索性综合实验 ……………………………………………………… (75)
　　实验 24　热烫处理对过氧化物酶活力以及对色泽、维生素 C 保存的影响 … (77)
　　实验 25　玉米淀粉的糖化程度对其甜度、黏度的影响 ……………………… (81)
　　实验 26　市场上中、西式糕点及珍珠奶茶等 5 种食品配方（标签）与反式脂肪
　　　　　　 酸含量调查研究 ……………………………………………………… (85)
　　实验 27　曲奇饼干配方对其质构和口感的影响 ……………………………… (90)

附录 1　食品化学常用仪器 ……………………………………………………… (94)
附录 2　常用标准滴定溶液 ……………………………………………………… (102)
附录 3　常用洗涤液的配制和使用方法 ………………………………………… (112)
附录 4　常用数据表 ……………………………………………………………… (113)

实验室须知

一、实验室安全与防护

在食品化学实验室中，会接触毒性很强、有腐蚀性、易燃易爆的化学药品，并且使用易碎的玻璃和瓷质器皿，以及时常在高温、高压等特殊的环境下进行工作，因此，必须十分重视安全工作。

①实验前应了解煤气总阀门、水阀门及电闸所在处。离开实验室时，一定要将室内检查一遍，将水、电、煤气的开关关好，门窗锁好。

②使用电器设备（如烘箱、恒温水浴箱、离心机、电炉等）时，严防触电；绝不可用湿手或在眼睛旁视时开关电闸和电器开关。应该用试电笔检查电器设备是否漏电，凡是漏电的仪器，一律不能使用。

③使用浓酸、浓碱时，必须极为小心地操作，防止溅出。用移液管量取这些试剂时，必须使用洗耳球。若不慎溅在实验台或地面上，必须及时用湿抹布擦洗干净。如果触及皮肤应立即治疗。

④使用可燃物，特别是易燃物（如乙醚、丙酮、乙醇、苯、金属钠等）时，应特别小心。不要大量放在桌上，更不要放在靠近火焰处。只有在远离火源时，或将火焰熄灭后，才可大量倾倒易燃液体。低沸点的有机溶剂不可在火上直接加热，只能在水浴上利用回流冷凝管加热或蒸馏。如果不慎倾倒出了相当量的易燃液体，则应按下法处理：立即关闭室内所有的火源和电加热器；关门，开启小窗及窗户；用毛巾或抹布擦拭洒出的液体，并将液体拧到大的容器中，然后再倒入带塞的玻璃瓶中。

⑤用油浴操作时，应小心加热，不断用温度计测量，不要使温度超过油的燃烧温度。

⑥易燃和易爆炸物质的残渣（如金属钠、白磷、火柴头）不得倒入污物桶或水槽中，应收集在指定的容器内。

⑦废液，特别是强酸和强碱，不能直接倒在水槽中，应先稀释，然后倒入水槽，再用大量自来水冲洗水槽及下水道。

⑧毒物应按实验室的规定办理审批手续后领取，使用时严格操作，用后妥善处理。

二、毒性化学药品分类及废液收集和处理方式

(一)毒性化学药品分类

1. 致癌物质

黄曲霉毒素 B_1、亚硝胺、3，4-苯并芘、2-乙酰氨基酸、4-氨基联苯、联苯胺及其盐类、3，3-二氯联苯胺、4-二甲基氨偶氮苯、1-萘胺、2-萘胺、4-硝基联苯、N-亚硝基

二甲胺、β-丙内酯、4,4-亚甲基(双)-2-氯苯胺、1-氮杂环丙烷、氯甲甲醚、二硝基萘、羧基镍、氯乙烯、二氯甲醚等。

2. 剧毒物质

六氯苯、羧基铁、氰化钠、氢氟酸、氯化氰、氯化汞、氢氰酸、砷酸汞、汞蒸气、砷化氢、光气、氟光气、磷化氢、三氧化二砷、有机砷化物、有机磷化物、有机氟化物、有机硼化物、铍及其化合物、丙烯腈、乙腈等。

3. 高毒物质

氟化钠、对二氯苯、甲基丙烯腈、丙酮氰醇、二氯乙烷、三氯乙烷、偶氮二异丁腈、黄磷、三氯氧磷、五氯化磷、三氯化磷、五氯化二磷、三氯甲烷、溴甲烷、二乙烯酮、氯化亚氮、铊化合物、四乙基铅、四乙基锡、三氯化锑、溴水、氯气、三氧化二钒、二氧化锰、二氯硅烷、三氯甲硅烷、苯胺、硫化氢、硼烷、氯化氢、氟乙酸、丙烯醛、乙烯酮、氟乙酰胺、碘乙酸乙脂、溴乙酸、乙酯、氯乙酸乙酯、有机氰化物、芳香胺、叠氮钠、砷化钠等。

4. 中毒物质

苯、四氯化碳、三氯硝基甲烷、乙烯吡啶、三硝基甲苯、五氯酚钠、硫酸、砷化镓、丙烯酰胺、环氧乙烷、环氧氯丙烷、烯丙醇、二氯丙醇、糖醛、三氟化硼、四氯化硅、硫酸镉、氧化镉、硝酸、甲醛、甲醇、肼(联氨)、二硫化碳、甲苯、二甲苯、一氧化碳、一氧化氮等。

5. 低毒物质

三氯化铝、钼酸胺、间苯二胺、正丁醇、叔丁醇、乙二醇、丙烯酸、甲基丙烯酸、顺丁烯二酸酐、二甲基酰胺、己内酰胺、亚铁氰化钾、铁氰化钾、氨及氢氧化胺、四氯化锡、氯化锗、对氯苯氨、硝基苯、三硝基甲苯、对硝基氯苯、二苯甲烷、苯乙烯、二乙烯苯、邻苯二甲酸、四氢呋喃、吡啶、三苯基磷、烷基铝、苯酚、三硝基酚、对苯二酚、丁二烯、异戊二烯、氢氧化钾、盐酸、氯磺甲、乙醚、丙酮等。

(二)毒性化学药品废液收集和处理方式

①对实验室废液应根据其性质选择适宜的有明显标记的容器和存放地点，密闭保存，最好用棕色的大容量试剂瓶。禁止混装于同一容器，以免发生化学反应产生有毒气体或发生燃烧、爆炸等危险。

②对遇水、光、空气、酸、碱等易反应的废液，应在隔绝相应条件下收集和存放。

③废液处理应首选回收再利用，其次是利用废液相互反应产生有用化合物的综合利用或无害化合物的以废治废的处理方法。

④实验室有毒废液应由专人负责分类收集、集中管理。利用必要的设备和有效方法，专人负责集中处置、回收利用或综合利用，确保有毒废液资源化、无害化处理。

三、化学废液分类处理

食品化学实验室产生的废液包括有机废液和无机废液。在大多数情况下，实验室中的有机试剂并不直接参与发生反应，均以各种形式排放到周边的环境中，排放量十分可观。有机废液包括一些剧毒的有机物，如农药、苯并(α)芘、黄曲霉毒素、亚硝胺等。无机废液包括强酸、强碱、重金属、氰化物等，其中，汞、砷、铅、镉、铬等重金属的毒性不仅强，且在人体中有蓄积性。

（一）食品化学实验室无机废液的处理

食品化学实验室无机废液处理时应注意：废液中不得包含阻碍处理的有机化合物；不得包含沉淀、悬浮颗粒和金属汞；不得包含铍、硒、铊和锇；物质自身或混合后没有引发自燃或爆炸的可能性。由于实验室废液的无机成分简单、种类多、数量少，通常采用化学处理法。化学处理法就是利用化学反应的作用来分离、回收废液中各种形态的污染物质。以下是常见无机废液的处理法。

1. 含重金属的废液

一般含重金属 M(Cu、Zn、Cd、Cr 等)无机废液处理都是铁氧化反应法。

$$x\text{M}^{2+} + (3-x)\text{Fe}^{2+} + 6\text{OH}^- \longrightarrow \text{M}_x\text{Fe}_{(3-x)}(\text{OH})_6$$

$$\text{M}_x\text{Fe}_{(3-x)}(\text{OH})_6 + (\text{O}) \longrightarrow \text{M}_x\text{Fe}_{3-x}\text{O}_4 + 3\text{H}_2\text{O}$$

2. 含汞、砷、锑、铋等离子的废液

控制溶液酸度为 0.3mol/L H^+，再与硫化物形成沉淀，形成的废渣量小用水冲走，量大则深坑埋掉。汞盐用亚硫酸钠还原成亚汞，沉淀出氯化亚汞，量小冲走，量大深埋。砷化物先加大量石灰沉淀出砷酸钙，用水稀释冲走。

3. 含氟废液

加入石灰使生成氟化钙沉淀废渣，量小用水冲走，量大则深坑埋掉。

4. 含氰废液

氰化物先用氧化剂氧化成氰酸盐。常用的氧化剂有漂白粉、氯气、高锰酸钾等，作用 24h 后排放。（注意：含氰废液应先加入氢氧化钠保持 pH 10 以上。）

5. 无机酸类废液

无机酸类废液以过量的碳酸钠或氢氧化钙的水溶液中和或用废碱中和，中和后用大量水冲稀排放。例如，草酸可在硫酸中用高锰酸钾氧化；氢氟酸需在安全的地方打碎瓶子，用碳酸钙小心中和，然后用大量水冲走。

6. 过氧化苯甲酰等过氧化物废液

分批加入氢氧化钠中搅拌。待变稀以后，加水冲稀排放。自燃物、缓慢燃烧的过氧化物需小心分散于盘中，在空旷地上燃烧。

7. 综合废液

互不作用的废液可用铁粉处理。调节废液 pH 在 3~4，加入铁粉搅拌 30min，用碱调节 pH 9 左右，搅拌 10min，加入高分子混凝剂沉淀，清液可排放，沉淀物作为废渣处理。

（二）食品化学实验室有机废液的处理

食品化学实验室有机废液的处理方法主要有焚烧法、溶剂萃取法、吸附法、氧化分解法等。实验室能够自行处理的可自行回收处理，不能自行处理的可定期交到环保部门统一处理。

1. 焚烧法

采用焚烧法处理有机溶剂是将废液加入燃烧器中燃烧后产生 CO_2、H_2O、NO_2、SO_2、HCl 等气体,再用氢氧化钠中和这些气体进行处理。

2. 溶剂萃取法

对含水的低浓度废液,用与水不相混合的正己烷之类挥发性溶剂进行萃取,分离出溶剂层后进行焚烧。再用吹入空气的方法,将水层中的溶剂吹出。

3. 吸附法

用活性炭、硅藻土、矾土层片状织物、聚丙烯聚酯片、氨基甲酸乙酯、泡沫塑料、稻草屑及锯末之类能良好吸附溶剂的物质进行吸附,然后与吸附剂一起焚烧。

4. 氧化分解法

对易氧化分解的含水的低浓度有机废液,加氧化剂(漂白粉、高锰酸钾、废铬酸混液等)将其氧化分解,然后按无机废液的方法处理。

四、实验数据的整理

实验中获得的数据,是用以分析、判断、计算,进而"加工"(归纳、总结)出实验结论的第一手资料。实验数据的基本特点:①总是以有限次数给出,并具有一定的波动性;②总存在误差,且是综合性的,即随机误差、系统误差、过失误差同时存在;③数据大多具有一定的统计规律性。实验数据是否准确、可靠、完备,对于实验结论有着重大影响,因此实验获得的大量数据,必须经过归纳整理,才能得出研究变量之间的规律和关系。

(一)可疑数据的处理

1. 实验中的可疑值

在实际分析测试中,由于随机误差的存在,使得多次重复测定的数据存在一定的离散性。并且经常发现一组测定值中,某一两个测定值比其余测定值明显偏大或偏小,这样的测定值为可疑值。可疑值分为两种:第一种为极值,该测定值虽然明显偏离其余测定值,但仍然处于统计上所允许的合理误差范围内,与其余测定值属同一总体。极值是一个好值,必须保留。第二种是异常值或界外值,与其余测定值不属于同一总体,应淘汰不用。对于可疑值,必须首先从技术上设法弄清楚其出现的原因。若查明是由实验技术上的失误引起的,不管其是否为异常值,都应舍弃,而不必进行统计检验。但是,对于那些未能从技术上找出其出现原因的,此时既不能轻率保留,也不能随意舍弃,应进行统计检验,以便从统计上判断其是否为异常值。

2. 舍弃异常值的依据

判定可疑值是极值还是异常值,实际上就是区分随机误差和过失误差。因为随机误差遵从正态分布的统计规律,从统计规律来看,单次测定值出现在 $\mu \pm 2\sigma$(σ 为标准差)之间的概率为 95.5%,也就是说偏差 $>2\sigma$ 的测定值出现的概率仅为约 0.5%,偏差 $>$

3σ 的概率只有 0.3%。所以，在有限的测定中出现偏差很大的测定值时，就不能简单地看作是由随机误差引起的，只能作为与其他测定值来源不同的总体的异常值而舍弃它。并将 2σ 和 3σ 称为系统上允许的合理范围，即临界值。2σ 和 3σ 也就是异常值的取舍依据。

(二) 有效数字的修约

数字修约是指在进行具体的数字运算前，按照一定的规则确定一致的位数，然后舍去某些数字后面多余的尾数的过程。指导数字修约的具体规则，被称为"数字修约规则"。有效数字的修约可参照国家标准 GB 8170—1987《数字修约规则》。现在被广泛使用的数字修约规则主要有：四舍五入规则和四舍六入五留双规则。

1. 四舍五入规则

四舍五入规则是人们习惯采用的一种数字修约规则。四舍五入规则的具体使用方法是：在需要保留有效数字的位次后一位，逢五就进，逢四就舍。

例如，将数字 2.187 5 精确保留到千分位（小数点后第三位），因小数点后第四位数字为 5，按照此规则，应向前一位进一，所以结果为 2.188。同理，将下列数字，全部修约为四位有效数字，结果为：

    0.536 64—0.536 6   0.583 46—0.583 5
    10.275 0—10.28   16.405 0—16.41
    18.065 01—18.07   27.185 0—27.19

又例如将数字精确保留到个位数，7.6 会进为 8，而 7.3 会舍为 7，可以取到与该数最接近的整数。

按照四舍五入规则进行数字修约时，应一次修约到指定的位数，不可以进行数次修约，否则将有可能得到错误的结果。例如，将数字 15.456 5 修约为两位有效数字时，应一步到位：15.456 5—15（正确）。如果分步修约将得到错误的结果：15.456 5—15.457—15.46—15.5—16（错误）。

2. 四舍六入五留双规则

为了避免四舍五入规则造成的结果偏高、误差偏大的现象出现，一般采用四舍六入五留双规则，具体来说是四舍六入逢五无后则留双。

四舍六入五留双规则的具体方法如下。

①当尾数小于或等于 4 时，直接将尾数舍去。

例如，将下列数字全部修约为四位有效数字，结果为：

    0.536 64—0.536 6   0.583 44—0.583 4
    10.273 1—10.27   16.400 5—16.40
    18.504 9—18.50   27.182 9—27.18

②当尾数大于或等于 6 时，将尾数舍去并向前一位进位。

例如，将下列数字全部修约为四位有效数字，结果为：

  0.536 66—0.536 7   0.583 87—0.583 9
  8.317 6—8.318   10.295 01—10.30
  16.777 7—16.78   21.019 1—21.02

③当尾数为5，而尾数后面的数字均为0时，应看尾数"5"的前一位：若前一位数字此时为奇数，就应向前进一位；若前一位数字此时为偶数，则应将尾数舍去。数字"0"在此时应被视为偶数。

例如，将下列数字全部修约为四位有效数字，结果为：
  0.153 050—0.153 0   0.153 750—0.153 8
  12.645 0—12.64   12.735 0—12.74
  18.275 0—18.28   21.845 000—21.84

④当尾数为5，而尾数"5"的后面还有任何不是0的数字时，无论前一位在此时为奇数还是偶数，也无论"5"后面不为0的数字在哪一位上，都应向前进一位。

例如，将下列数字全部修约为四位有效数字，结果为：
  0.326 552—0.326 6   12.645 01—12.65
  12.735 07—12.74   18.275 09—18.28
  21.845 02—21.85   38.305 000 001—38.31

按照四舍六入五留双规则进行数字修约时，也应像四舍五入规则那样，一次性修约到指定的位数，不可以进行数次修约，否则得到的结果也有可能是错误的。例如，将数字10.274 994 500 1 修约为四位有效数字时，应一步到位：10.274 994 500 1—10.27（正确）。如果按照四舍六入五留双规则分步修约将得到错误结果：10.274 994 500 1—10.274 995—10.275—10.28（错误）。

五、实验报告撰写

实验报告包括在实验室中进行科学研究过程中根据实际情况直接记录或统计形成的各种数据、文字、图表、图片、照片、声像等原始资料，这些资料可通过应用实验、观察、调查或资料分析等方法获得。实验报告应反映实验中的真实情况。

1. 实验报告的基本内容

实验报告应含有下列主要内容：实验名称、实验内容、实验日期、实验条件、实验材料、实验过程、实验结果、实验结论及实验记录人员签名。

①实验名称：本次实验的名称。

②实验内容：本次实验具体要做的内容。

③实验日期：本次实验的年、月、日。

④实验条件：实验室的温度、湿度等信息。可并入实验过程中。

⑤实验材料：实验过程中用到的试剂和仪器。亦可并入实验过程中。

⑥实验过程：详细记录本次实验过程中所出现的具体情况及所观察到的反应过程。需保留所有的原始记录于实验记录本上。此实验过程应反映出本次检验的最原始的数据。

⑦实验结果：检验所获得的实验数据及反应现象。
⑧实验讨论：对本次实验结果进行分析、讨论，并得出结论。
⑨实验记录人员签名。

2. 实验报告的基本要求

①实验记录必须用统一格式的带有页码编号的专用实验记录本记录。

②实验记录本或记录纸应保持完整。

③实验记录应用字规范，须用蓝色或黑色的钢笔或签字笔书写。不得使用铅笔或其他易褪色的书写工具书写。实验记录应使用规范的专业术语，计量单位应采用国际标准计量单位，有效数字的取舍应符合实验要求；常用的外文缩写（包括实验试剂的外文缩写）应符合规范，首次出现时必须用中文加以注释；属外文译文的应注明其外文全名称。

④实验记录不得随意删除、修改或增减数据。如必须修改，须在修改处划一斜线，不可完全涂黑，保证修改前记录能够辨认，并应由修改人签字或盖章，注明修改时间。

⑤计算机、自动记录仪器打印的图表和数据资料等应按顺序粘贴在记录纸的相应位置上，并在相应处注明实验日期和时间；不宜粘贴的，可另行整理装订成册并加以编号，同时在记录本相应处注明，以便查对；底片、磁盘文件、声像资料等特殊记录应装在统一制作的资料袋内或储存在统一的存储设备里，编号后另行保存。

⑥实验记录必须做到及时、真实、准确、完整，防止漏记和随意涂改。严禁伪造和编造数据。

⑦实验记录应妥善保存，避免水浸、墨污、卷边，保持整洁、完好、无破损、不丢失。

⑧对环境条件敏感的实验，应记录当天的天气情况和实验的环境条件（如光照、通风、洁净度、温度及湿度等）。

⑨实验过程中应详细记录实验过程中的具体操作，观察到的现象，异常现象的处理，产生异常现象的可能原因及影响因素的分析等。

⑩实验记录中应记录所有参加实验的人员；每次实验结束后，应由实验记录者签名。

六、综合实验分析方法的分类和选择

（一）实验分析方法的分类

1. 定性分析和定量分析

定性分析的任务是鉴定物质是由哪些元素或化合物所组成的；定量分析的任务则是测定物质中有关组成的含量。

2. 常量分析、半微量分析和微量分析

根据试样的用量及操作方法不同，可分为常量、半微量和微量分析。在无机定性化学分析中，一般采用半微量分析操作法，而在经典定量化学分析中，一般采用常量分析操作法。另外，根据被测组分的质量分数，通常又粗略分为常量（大于1%）、微量

(0.01%~1%)和痕量(小于0.01%)成分的分析。

3. 化学分析和仪器分析

以物质的化学反应为基础的分析方法称为化学分析法。化学分析历史悠久,是分析化学的基础,所以又称为经典化学分析法。主要的化学分析方法有以下3种。

(1)重量分析法 通常是通过物理或化学反应将试样中待测组分与其他组分分离,以称量的方法称得待测组分本身或含有待测组分的具有确定组成的化合物的质量,计算出待测组分在试样中的含量。重量分析法的基本操作,包括样品的溶解、沉淀、过滤、洗涤、干燥和灼烧等步骤。

(2)滴定分析法 是以化学反应为基础的分析方法。通常用于测定常量组分,准确度较高,在一般情况下,测定的误差不大于0.2%,且操作简便、快速,使用仪器简单、价格便宜,因此具有较高的使用价值。

(3)仪器分析法 以物质的物理和物理化学性质为基础的分析方法称为物理和物理化学分析法。由于这类方法都需要较特殊的仪器,故一般又称为仪器分析法。仪器分析法有光学分析法、电化学分析法、色谱分析法、质谱分析法和放射化学分析法等。在食品化学分析中常用的仪器分析有紫外分光光度法、原子吸收分光光度法、高效液相色谱分析法、气相色谱分析法、X射线荧光光谱分析法等。

(二)实验分析方法的选择

实验中可按以下步骤对分析方法进行选择:

①实验前详细查阅资料、文献并参考类似研究所用的实验方法以确定实验分析方法。

②根据待测物质的含量范围、含有的杂质并分析可能存在的干扰,对分析方法进行选择。

③根据实验室的实际条件(现有的设备、试剂等)选用合适的分析方法。

④确定分析方法后要考察所选用分析方法的适用性。可参照GB/T 6379《测量方法与结果的准确度(正确度与精密度)》的基本原则,分析方法应符合实验所需的精密度、准确度等的要求。

【思考题】

1. 实验室废液为什么要进行处理?处理的方法有哪些?
2. 实验数据为什么要进行整理?整理方法有哪些?
3. 综合实验分析的方法有哪些?

参考文献

杨剑. 2011. 检测实验室管理[M]. 北京:中国轻工业出版社.
赵华绒,方文军,王国平. 2013. 化学实验室安全与环保手册[M]. 北京:化学工业出版社.

食品评价

一、食品的分散体系

一种物质或者几种物质高度分散到另一种物质(称为分散介质)中所形成的体系叫作分散体系。被分散的物质叫作分散相,而连续的介质为分散介质。分散程度的大小是表征分散体系特性的重要依据,所以食品的分散体系通常按分散程度的不同可分成3类:粗分散体系、胶体分散体系和分子或离子分散体系。

(1)粗分散体系　颗粒大小 $>1\times 10^{-7}$ m,其分散质常为分子的大聚集体,如乳浊液和悬浊液。

(2)胶体分散体系　颗粒大小为 $10^{-7}\sim 10^{-9}$ m。

(3)分子或离子分散体系　颗粒大小 $<1\times 10^{-9}$ m,分散程度达到分子或离子大小的单相状态。

如果分散介质是液态的,则叫作液态分散体系,在食品化学反应中此类分散体系最为常见和重要,水溶液、悬浊液和乳浊液都属液态分散体系。水溶液、悬浊液和乳浊液中分散相粒子的线性大小(近似其直径大小)没有绝对的界限。一般地说,分散相的粒子的线性大小小于 10^{-9} m 时是溶液,溶液里的粒子实际上处于分子、离子或水合分子、水合离子的状态。分散相的粒子的线性大小在 $10^{-9}\sim 10^{-7}$ m 之间的是胶体(一些有机物的水溶液,如淀粉溶液,实际上是胶体)。分散相的粒子的线性大小在 $10^{-7}\sim 10^{-3}$ m 之间的是悬浊液或乳浊液。在分散体系中,分散相的颗粒大小有所不同,分散体系的性质也随之改变,溶液、胶体和悬(乳)浊液各具有不同的特性。

二、颜色

食品的色泽是人的感官评价食品品质的一个重要因素。不同的食品显示着各不相同的颜色。例如菠菜的绿色、苹果的红色、胡萝卜的橙红色等,这些颜色是食品中原来固有的。不同种食品中含有不同的有机物,这些有机物又吸收了不同波长的光。如果有机物吸收的是可见光区域内的某些波长的光,那么这些有机物就会呈现各自的颜色,这种颜色是由未被吸收的光波所反映出来的。如果有机物吸收的光波长在可见光区域以外,那么这种有机物则是无色的。自然光是由不同波长的光组成的,波长在 400~800nm 之间的光为可见光,而波长在小于 400nm 和大于 800nm 区域的光为不可见光。在可见光区域内,不同波长的光显示的颜色也不同。食品的颜色是因含有某种色素,能从太阳光的白色光中进行选择性吸收,余下的则为反射光。故在 800nm(红色)至 400nm(紫色)之间的可见光部分,亦即红、橙、黄、绿、青、蓝、紫中的某一色或某几色的光反射刺激视觉而显示其颜色的基本属性,明度、色调、饱和度是识别每一种色的3个指标。对于判定食品的品质亦可从这3个基本属性全面地衡量和比较,这样才能准确地推断和鉴别出食品的质量优劣,以确保购买优质食品。国家标准 GB/T 21172—2007《感官分析食品颜色评价的总则和检验方法》规定了通过与标准颜色视觉比较对食品颜色进行感官评价的总则和测试方法。

三、质构

质构,原本用来表示织物的编织组织、材料构成等情况的概念,但随着对食品物性研究的深入,人们对食品从入口前到接触、咀嚼、吞噬时的印象,即对食品口感,需要有一个语言的表现,于是就借用了"质构"这一用语。食品质构一词目前已被广泛用来表示食品的组织状态、口感及美味感觉等。1970 年,Sherman 提出,质构是食品结构产生的一些特性的组合,是给生理感觉上留下印象的一种方式。1990 年,食品质地研究领域的著名学者 Szczesniak 博士给出了质构定义:质构是食品结构及其对施加外力反应方式的感官表现,包括特殊感觉如视觉、肌肉运动知觉(动觉)和听觉。ISO(国际标准化组织)规定的食品质构是指"力学的、触觉的,可能还包括视觉、听觉的方法能够感知的食品流变学特性的综合感觉"。虽然对食品质构的定义可能尚有争议,但是可以明确指出,食品质构是与食品的组织结构和状态有关的物理量,是与以下 3 个方面感觉有关的物理性质:手或手指对食品的触摸感;目视的外观感觉;口腔摄入时的综合感觉,包括咀嚼时感到的软硬、黏稠、酥脆、滑爽感等。描述质构的术语需要科学地分类、定义,要克服地域差别、语言差异和民族差异。在这方面,Szczesniak 和 Sheman 提出了相应的分类方法,具一定普适性(表1)。

表1 Szczesniak 对质构的分类

特性	一次特性	二次特性	习惯用术语	标准食品与强度范围
机械特性	硬度		柔软、坚硬	软质干酪(1)……冰糖(9)
	凝聚性	酥脆性	酥、脆、嫩	玉米松饼(1)……松脆花生糖(7)
		咀嚼性	柔软-坚韧	黑麦面包(1)……软式面包(7)
		胶黏性	酥松-粉状-糊状-橡胶状	面团(40%面粉)(1)……面团(60%面粉)(7)
	黏性		松散-黏稠	水(1)……炼乳(8)
	弹性		可塑性-弹性	
	黏附性		发黏的-易黏的	含水植物油(1)……花生酱(5)
几何特性	粒子的大小、形状和方向		粉状、砂状、粗粒状、纤维状、细胞状、结晶状	
其他特性	水分含量		干的-湿的-多汁的	
	脂肪含量	油状	油腻的	
		脂状	肥腻的	

四、风味

风味是指摄入口腔的食物使人的感觉器官(包括味觉、嗅觉、痛觉、触觉和温觉等)产生的感觉印象,即食物客观性使人产生的感觉印象的总和。根据风味产生的刺激方式不同可将其分为化学感觉、物理感觉和心理感觉。食品的风味一般包括滋味(非挥发性风味)和气味(挥发性风味)两个方面。在食品生产中,风味与食品的营养价值、质地等一起都受到生产者、消费者的极大重视,是食品品质的一个非常重要的方面。

食品的风味可通过以下途径改变。

(1)生物合成　是指食品本身在生长成熟过程中,直接通过生物合成的途径改变食品气味。例如香蕉、苹果、梨等水果香味的形成,是典型的生物合成产生的,不需要任何外界条件,成熟过程中体内一些化学物质发生变化,产生香味物质,使成熟后的水果逐渐显现出水果香。

(2)直接酶作用　即酶直接作用于风味前体物质,形成风味成分,表现出风味,如当蒜的组织被破坏以后,其中的蒜酶将蒜氨酸分解而产生的气味。

(3)氧化作用　也可以称为间接酶作用,即在酶的作用下生成氧化剂,氧化剂再使风味前体物质氧化,生成风味成分,表现出风味,从而改变食品的气味。例如红茶的浓郁香气就是通过这种途径形成的。

(4)高温分解或发酵作用　是通过加热或烘烤等处理,使食品的风味更佳。例如,芝麻、花生在加热后可产生诱人食欲的香味。发酵也是食品风味发生改变的重要途径,如酒、酱中的许多香味物质都是通过发酵而产生的。

(5)添加食品添加剂　为保证和提高食品的感官品质,引起人的食欲,在食品本身气味、口感不理想的情况下,为了补充和完善食品的风味,可有意识地在食品中添加所需要的添加剂。

(6)腐败变质　食品在贮藏、运输或加工过程中,会因发生腐败变质或受污染而造成食品风味的改变。这在进行感官鉴别时尤其重要,应认真仔细地加以分辨。

【思考题】

1. 食品评价包括哪些内容?各部分的作用是什么?
2. 简述食品风味的定义及改变途径。

参考文献

沈明浩. 2011. 食品感官评价[M]. 郑州:郑州大学出版社.

BELITZ H D, GROSCH W, SCHIEBERLE P. 2008. 食品化学[M]. 3版. 石阶平,霍军生,译. 北京:中国农业大学出版社.

SZCZESNIAK A S. 1990. Psychorheology and Texture as Factors Controlling the Consumer Acceptance of Food[J]. Cereal Foods World, 35(12):1201 - 1205(36 ref.).

SHERMAN P. 1979. Food Texture and Rheology[M]. London:Academic Press Inc. (London) Ltd.

第1篇
基础实验

实验1　水分含量和水分活度关系

水是食品的主要组成成分，食品中水的含量、分布和状态对食品的结构、外观、质地、风味和新鲜程度产生极大的影响。食品中的水分是引起食品化学性和微生物性变质的重要原因之一，因而直接关系到食品的贮藏特性。

食品中的水不是单独存在的，它会与食品中的其他成分发生化学或物理作用，因而改变了水的性质。由于不同存在形式的水的性质差异颇大，区别它们是十分必要的。按照食品中的水与其他成分之间相互作用强弱可将食品中的水分成结合水和自由水。

(1) 结合水　又称束缚水或固定水，是指存在于食品中溶质或其他非水组分附近的、与溶质分子之间通过化学键力结合的那部分水。食品中大多数结合水是由食品中的水分子与食品中的蛋白质、淀粉、果胶等物质的羧基、羰基、氨基、亚氨基、羟基、硫基等亲水性基团或水中的无机离子的键合或偶极作用产生的。

(2) 自由水　又称体相水，是指食品中与非水成分有较弱作用或基本没有作用的水。自由水又可分为3类：被组织中的显微和亚显微结构与膜所阻留的水，不能自由流动，称为滞化水；在生物组织的细胞间隙和制成食品的结构组织中存在一种由毛细管力所系留的水，称为毛细管水，在生物体中又称细胞间水；动物的血浆、淋巴和尿液、植物的导管和细胞内液泡中的水，因为都可以自由流动，叫作自由流动水。

水分活度反映了食品与水的亲和程度，它表示了食品中所含的水分作为微生物化学反应和微生物生长的可用性。食品的水分活度并不等同于其水分含量。例如金黄色葡萄球菌生长要求的最低水分活度为0.86，而相当于这个水分活度的水分含量则随不同食品而异，如肉干为23%，乳粉为16%，肉汁为63%。所以按水分含量多少难以判断食品的保存性，只有测定和控制水分活度才对食品保藏性具有重要意义。

Ⅰ　水分含量的测定

一、实验目的
学习并掌握水分含量的测定方法。

二、实验原理
食品的水分含量的测定分为直接测定法和间接测定法两大类。直接测定法一般是采用烘干、化学干燥、蒸馏、提取或其他物理化学方法去掉样品中的水分，再用称量等方法定量。这类方法精确度高、重复性好，但耗费时间较多，且主要靠人工操作。水分的直接测定法在实验室中广泛应用。常用的有烘干法、化学干燥法、共沸法、卡尔费休法、折射法等。间接测定法并不将样品中的水分除去，而是采用湿固体的参数来代替，这些参数与样品中的水量有直接的关系，可以设计各种仪器来测量这些参数。间接法所得结果的精确度一般比直接法低，而且需要校正，但间接法速度快，可以自动连续测量，可用于食品工业生产过程中水分含量的自动控制。常见的间接测定法有电导率法、介电容量法、微波吸收法等多种。本实验主要采取直接干燥法。

食品中的水分一般是指在100℃左右直接干燥的情况下，所失去物质的总量。直接干燥法适用于在95～105℃下，不含或含其他挥发性物质甚微的食品。

三、材料、试剂和仪器用具

1. 材料、试剂

（1）6mol/L 盐酸　量取 100mL 盐酸，加水稀释至 200mL。

（2）6mol/L 氢氧化钠溶液　称取 24g 氢氧化钠，加水溶解并稀释至 100mL。

（3）海沙　取用水洗去泥土的海沙或河沙，先用 6mol/L 盐酸煮沸 0.5h，用水洗至中性，再用 6mol/L 氢氧化钠溶液 0.5h，用水洗至中性，经 105℃ 干燥备用。

2. 仪器用具

（1）扁形铝制或玻璃制称量瓶　内径 60～70mm，高 35mm 以下。

（2）电热恒温干燥箱。

（3）小玻棒、干燥器。

四、实验方法

1. 固体试样

取洁净铝制或玻璃制的扁形称量瓶，置于 95～105℃ 干燥箱中，瓶盖斜支于瓶边，加热 0.5～1.0h，取出盖好，置干燥器内冷却 0.5h，称量，并重复干燥至恒量。称取 2.00～10.00g 切碎或磨细的试样，放入此称量瓶中，试样厚度约为 5mm。加盖，精密称量后，置 95～105℃ 干燥箱中，瓶盖斜支于瓶边，干燥 2～4h 后，放入干燥器内冷却 0.5h 后称量。然后再放入 95～105℃ 干燥箱中干燥 1h 左右，取出，放入干燥器内冷却 0.5h 后再称量。至前后两次质量差不超过 2mg，即为恒量。

2. 半固体或液体试样

取洁净的蒸发皿，内加 10.0g 海沙及一根小玻棒，置于 95～105℃ 干燥箱中，干燥 0.5～1.0h 后取出，置干燥器内冷却 0.5h 后称量，并重复干燥至恒量。然后精密称取 5～10g 试样，置于蒸发皿中，用小玻棒搅匀放在沸水浴上蒸干，并随时搅拌，擦去皿底的水滴，置 95～105℃ 干燥箱中干燥 4h 后，取出，放入干燥器内冷却 0.5h 后称量。以下按固体试样方法操作。

3. 结果计算

$$X(\%) = \frac{m_1 - m_2}{m_1 - m_3} \times 100$$

式中：X——试样中水分的含量，%；

m_1——称量瓶（或蒸发皿加海沙、玻棒）和试样的质量，g；

m_2——称量瓶（或蒸发皿加海沙、玻棒）和试样干燥后的质量，g；

m_3——称量瓶（或蒸发皿加海沙、玻棒）的质量，g。

计算结果保留 3 位有效数字。

五、说明

①油脂或高脂肪样品，由于脂肪的氧化，而可能使后一次的质量反而增加，应以前一次质量计算。

②易分解或焦化的样品，可适当降低温度或缩短干燥时间。

③在重复性条件下获得的两次独立测定结果的绝对差值不得超过算术平均值的 5%。

Ⅱ 康维皿法测定食品的水分活度

一、实验目的

进一步了解水分活度的概念和扩散法测定水分活度的原理；学会扩散法测定食品中水分活度的操作技术。

二、实验原理

食品中的水分，都随环境条件的变动而变化。当环境空气的相对湿度低于食品的水分活度(A_w)时，食品中的水分向空气中蒸发，食品的质量减轻；相反，当环境空气的相对湿度高于食品的水分活度时，食品就会从空气中吸收水分，使质量增加。不管是蒸发水分还是吸收水分，最终是食品和环境的水分达平衡时为止。据此原理，采用标准水分活度的试剂，形成相应湿度的空气环境，在密封和恒温条件下，观察食品试样在此空气环境中因水分变化而引起的质量变化，通常使试样分别在 A_w 较高、中等和较低的标准饱和盐溶液中扩散平衡后，根据试样质量的增加（即在较高 A_w 标准饱和盐溶液达平衡）和减少（即在较低 A_w 标准饱和盐溶液达平衡）的量，计算试样的 A_w 值，食品试样放在以此为相对湿度的空气中时，既不吸湿也不解吸，即其质量保持不变。标准饱和盐溶液的 A_w 值见表 1-1。

表 1-1 标准饱和盐溶液的 A_w 值(25℃)

试剂名称	A_w	试剂名称	A_w	试剂名称	A_w
硝酸钾	0.924	硝酸钠	0.737	碳酸钾	0.427
氯化钡	0.901	氯化锶	0.708	氯化镁	0.330
氯化钾	0.842	溴化钠	0.577	醋酸钾	0.224
溴化钾	0.807	硝酸镁	0.528	氯化锂	0.110
氯化钠	0.752	硝酸锂	0.476	氢氧化钠	0.070

三、材料、试剂和仪器用具

1. 材料、试剂

各种水果、蔬菜等食品，凡士林，至少选取 3 种标准饱和盐溶液。

2. 仪器用具

分析天平,恒温箱,康维氏微量扩散皿(康维皿),坐标纸,小玻璃皿或小铝皿(直径25～28 mm、深度7 mm)。

四、实验方法

①在3个康维皿的外室分别加入A_w高、中、低的3种标准饱和盐溶液5.0mL,并在磨口处涂一层凡士林。

②将3个小玻璃皿准确称重,然后分别称取约1g的试样于皿内(准确至0.1 mg,每皿试样质量应相近)。迅速依次放入上述3个康维皿的内室中,马上加盖密封,记录每个扩散皿中小玻璃皿和试样的总质量。

③在25℃的恒温箱中放置(2±0.5)h后,取出小玻璃皿准确称重,以后每隔30min称重一次,至恒重为止。记录每个康维皿中小玻璃皿和试样的总质量。

④计算每个康维皿中试样的质量增减值。

⑤以各种标准饱和盐溶液在25℃时的A_w值为横坐标,被测试样的增减质量Δm为纵坐标作图。并将各点连接成一条直线,此线与横坐标的交点即为被测试样的A_w值。

五、说明

①对试样的A_w值范围预先有一估计,以便正确选择标准饱和盐溶液。

②测定时也可选择2种或4种标准饱和盐溶液(水分活度大于或小于试样的标准盐溶液各1种或2种)。

Ⅲ 水分活度测定仪测定食品的水分活度

一、实验目的

学会水分活度测定仪测定食品中水分活度的操作技术。

二、实验原理

水分活度近似地表示为在某一温度下溶液中水蒸气分压与纯水蒸气压之比值。拉乌尔定律指出,当溶质溶于水时,水分子与溶质分子变成定向关系从而减少水分子从液相进入气相的逸度,使溶液的蒸气压降低,稀溶液蒸气压降低度与溶质的摩尔分数成正比。水分活度也可用平衡时大气的相对湿度(ERH)来计算。

水分活度测定仪主要是在一定温度下利用仪器装置中的湿敏元件,根据食品中水蒸气压力的变化,从仪器表头上读出指针所示的水分活度。

三、材料、试剂和仪器用具

1. 材料、试剂

苹果块,市售蜜饯,面包,饼干,氯化钡饱和溶液。

2. 仪器用具

AW-1 型智能水分活度测定仪，天平。

四、实验方法

①将等量的纯水及捣碎的样品（约 2g）迅速放入测试盒内，拧紧盖子密封，并通过转接电缆插入"纯水"及"样品"插孔。固体样品应碾碎成米粒大小，并摊平在盒底。

②把稳压电源输出插头插入"外接电源"插孔（如果不外接电源，则可使用直流电），打开电源开关，预热 15min，如果显示屏上出现"E"，表示溢出，按"清零"按钮。

③调节"校正 II"电位器，使显示为 100.00 ± 0.05。

④按下"活度"开关，调节"校正 I"电位器，使显示为 1.000 ± 0.001。

⑤等测试盒内平衡 30min 后（若室温低于 25℃，则需平衡 50min），按下相应的"样品测定"开关，即可读出样品的水分活度（A_w）值（读数时，取小数点后面 3 位数）。

⑥测量相对湿度时，将"活度"开关复位，然后按相应的"样品测定"开关，显示的数值即为所测空间的相对湿度。

⑦关机，清洗并吹干测试盒，放入干燥剂，盖上盖子，拧紧密封。

五、说明

①在测定前，仪器一般用标准溶液进行校正。
②环境不同，应对标准值进行修正。
③测定时切勿使湿敏元件沾上样品盒内样品。
④每次测量时间不应超过 1h。

【思考题】

1. 直接干燥法能否精确测出食品中水的总量？
2. 水分含量和水分活度之间有何关系？

实验 2 pH 值和酸度

食品中的酸主要是溶于水的一些有机酸和无机酸。食品中酸的量用酸度表示。酸度又可分为总酸度(滴定酸度)、有效酸度(pH 值)和挥发酸。总酸度是指食品中所有酸性物质的总量,包括已离解的酸的浓度和未离解的酸的浓度。有效酸度是指食品中呈游离状态的氢离子的浓度(严格地说应该是活度),用 pH 值表示。

Ⅰ pH 值的测定

一、实验目的
学习并掌握 pH 计测定 pH 值的方法。

二、实验原理
测定溶液的 pH 值,常用的方法有 pH 试纸法、指示剂比色法和 pH 计测定法。其中,pH 计法准确度较高,操作简便,不受试样本身颜色的影响,普遍应用于食品行业。利用 pH 计测定溶液的 pH 值,是将玻璃电极和甘汞电极插在被测样品中,组成一个电化学原电池,其电动势的大小与溶液的 pH 值的关系为:

$$E = E^0 - 0.059 \text{pH}(25℃)$$

即在 25℃时,每相差一个 pH 单位,就产生 59.1mV 电极电位,从而可通过对原电池电动势的测量,在 pH 计上直接读出被测试样的 pH 值。

三、试剂和仪器用具
1. 试剂
(1) pH 4.02 标准缓冲溶液(20℃) 称取在(115±5)℃烘干 2~3h 的优级纯邻苯二甲酸氢钾 10~12g,溶于不含二氧化碳的蒸馏水中,稀释至 1 000mL。
(2) pH 6.88 的标准缓冲溶液(20℃) 称取在(115±5)℃烘干 2~3h 的优级纯磷酸二氢钾 3.39g,和优级纯无水磷酸氢二钠 3.53g 溶于蒸馏水中,稀释至 1 000mL。

2. 仪器用具
pH 计(最小分度≤0.1 单位),天平,组织捣碎机,锥形瓶,容量瓶,移液管或移液枪,称量瓶,试剂瓶,量筒,烧杯,滤纸等。

四、实验方法
1. 样品处理
对于新鲜果蔬样品,各部位组成差异很大,将其各部位混合样捣碎,取均匀汁液测定。

对于罐藏制品，将内容物倒入组织捣碎机中，加少量蒸馏水(一般100g样品加蒸馏水的量少于20mL为宜)，捣碎均匀，过滤，取滤液进行测定。对于生肉和果蔬干制品，称取10g(肉类去油脂)绞碎的样品，放入加有100mL新煮沸冷却的蒸馏水中，浸泡15~20min，并不时搅拌，过滤，取滤液进行测定。

对于牛乳、果汁等液体样品，可直接取样测定。对于如布丁、土豆沙拉等半固体样品，可以在100g样品中加入10~20mL蒸馏水，搅拌均匀成试液。

2. 仪器校正

置开关于pH位置，温度补偿器旋钮指示溶液的温度，根据标准缓冲溶液选择"pH"范围。用标准缓冲溶液洗涤烧杯和电极，然后将标准溶液注入烧杯内，两电极浸入溶液，但不碰杯底。调节零点调节器使指针指在pH 7位置。将电极接头同仪器相连(甘汞电极接入接线柱，玻璃电极接入插孔内)。按下读数开关，调节电位调节器，使指针指示缓冲溶液的pH值。放开读数开关，指针应指示pH 7处，如有变动，再次按下读数开关，调节电位调节器，使指针指示缓冲溶液的pH值。校正完后定位调节旋钮不可再旋动，否则必须重新校正。

3. 测量

用蒸馏水冲洗电极和烧杯，再用样品试液洗涤电极和烧杯，然后将电极浸入样品试液中，轻轻摇动烧杯，使试液均匀。调节温度补偿旋钮至被测试液的温度。按下读数开关，指针所指示的数值，即为被测样品试液的pH值。测量完毕后，将电极和烧杯洗干净，妥善保存。

五、说明

1. 样品试液制备后，立即测定，不宜久存。

2. 玻璃电极初次使用时，一定要先在蒸馏水中浸泡24h以上，里面应无气泡，防止断路。此外，必须保证甘汞电极下端毛细管畅通，在使用时应将电极下端的橡皮帽取下，并拨去电极上部的小橡皮塞，让极少量的氯化钾溶液从毛细管中流出，使测定结果可靠。

Ⅱ 酸度的测定

一、实验目的

学习并掌握滴定法测定酸度的方法。

二、实验原理

食品中的酒石酸、苹果酸、柠檬酸、草酸、醋酸等有机酸的电离常数K_a均大于10^{-8}，用标准强碱液滴定时，可被中和成盐类：

$$RCOOH + NaOH \longrightarrow RCOONa + H_2O$$

以酚酞为指示剂，滴定至溶液呈淡红色30s不褪为终点。根据所耗标准碱液的浓度和体积，即可计算样品中酸的含量。

三、材料、试剂和仪器用具

1. 材料、试剂

0.1mol/L 氢氧化钠溶液，10g/L 酚酞指示剂，固体样品，液体样品。

2. 仪器用具

天平，滴定管，锥形瓶，移液管或移液枪，称量瓶，蒸发皿，试剂瓶，量筒，烧杯，滤纸等。

四、实验方法

①固态样品，如果蔬原料及其制品，需去皮、去柄、去核后，捣碎均匀，备用；液态样品，如牛乳、果汁等，需经正确采样混合均匀后备用。

②准确称取捣碎均匀的固体样品 10~20g（根据含酸量而增减）于小烧杯中，用水移入 250mL 容量瓶中，充分振摇后加水至刻度，摇匀，用干燥滤纸过滤。取滤液 50mL 于锥形瓶中，加酚酞指示剂 3 滴，用 0.1mol/L 氢氧化钠标准溶液滴定至微红色 30s 不褪色为终点。对于液体样品，准确吸取样品溶液 2mL 于 250mL 锥形瓶中，加入水 50mL，然后加指示剂并滴定，同固体样品。

③结果计算：

$$固体样品总酸度(\%) = \frac{cVK \times 250}{m \times 50} \times 100$$

$$液体样品总酸度(g/100mL) = \frac{cVK}{V_{样}} \times 100$$

式中：c——氢氧化钠标准溶液的浓度，mol/L；

V——氢氧化钠标准溶液的用量（体积），mL；

m——样品质量，g；

$V_{样}$——液体样品的体积，mL；

K——换算为适当酸的系数。其中，苹果酸 0.067；醋酸 0.060；酒石酸 0.075；乳酸 0.090；含 2 分子水的柠檬酸 0.070。

五、说明

①食品中的酸是多种有机弱酸的混合物，用强碱进行滴定时，滴定突跃不明显。特别是某些食品本身具有较深的颜色，如杨梅罐头、番茄、各种果汁饮料，由于本身色素的存在，使终点颜色变化不明显，影响滴定终点的判断。此时可通过加水稀释、用活性炭脱色等处理，或用原试样溶液对照进行终点判断，以减少干扰，或者用电位滴定法进行测定。

②总酸度的结果用样品中的代表性酸来计。一般情况下，水果多以柠檬酸（橘子、柠檬、柚子等）、酒石酸（葡萄）、苹果酸（苹果、桃、李等）计；蔬菜以苹果酸计；肉类、家禽类酸度以乳酸计；饮料以柠檬酸计。

【思考题】

pH 值和酸度有何联系？有何差异？

实验3　还原糖的检测

一、实验目的
学习并掌握斐林试剂法测定还原糖的含量。

二、实验原理
将等量的碱性酒石酸铜甲液和乙液混合，生成可溶性的酒石酸钾钠铜络合物。在加热条件下，以次甲基蓝作为指示剂，用样液滴定，样液中还原糖与酒石酸钾钠铜反应，生成红色的氧化亚铜沉淀，氧化亚铜再与试剂中的亚铁氰化钾反应，生成可溶性化合物，达到终点时，稍过的还原糖把次甲基蓝还原，溶液由蓝色变为淡黄色，即为反应终点，根据样液消耗量，即可计算出还原糖的含量。

三、试剂和仪器用具
1. 试剂

（1）碱性酒石酸铜甲液　称取1.5g硫酸铜及0.05g次甲基蓝，溶于水，并定容至1 000mL。

（2）碱性酒石酸铜乙液　称取50g酒石酸钾钠及75g氢氧化钠溶于水中，再加入4g亚铁氰化钾，完全溶解后，用水定容至1 000mL，贮放于具橡胶塞玻璃瓶中。

（3）乙酸锌溶液　称取21.9g乙酸锌，加3mL冰乙酸，并加水溶解，定容至100mL。

（4）葡萄糖标准溶液　精确称取1.000g经98～100℃干燥至恒重的纯葡萄糖，加水溶解后加入5mL盐酸，以水稀释，并定容至1 000mL。该溶液每毫升相当于1mg葡萄糖。

2. 仪器用具

水浴锅，天平，滴定管，锥形瓶，容量瓶，移液管或移液枪，称量瓶，蒸发皿，试剂瓶，量筒，烧杯，滤纸等。

四、实验方法
①样品处理：

乳类、乳制品及含蛋白质的冷食类：称取2.5～5g固体样品或量取25～50mL液体样品，置于250mL容量瓶中，加入50mL蒸馏水，摇匀后加入5mL乙酸锌溶液及5mL 10.6%亚铁氰化钾溶液，加水稀释至刻度，混匀后，静置30min，用干燥滤纸过滤，弃去部分初滤液，所得滤液备用。

酒精类饮料：吸取10mL样品，置于蒸发皿中，用1mol/L氢氧化钠溶液中和至

pH7，在水浴上蒸发至原体积的 1/4 后，移入 250mL 容量瓶中，加入 5mL 水，混匀后加入 5mL 乙酸锌溶液及 5mL 10.6% 亚铁氰化钾溶液，加水稀释至刻度，混匀后静置 30min，用干燥滤纸过滤。

以淀粉质为主的食品：称取 10~20g 样品，置于 250mL 容量瓶中，加入 200mL 水，在 45℃ 水浴中加热 1h，并不时振荡。取出冷却后加水至刻度，摇匀，静置。移取 200mL 上清液于另一只 250mL 容量瓶中，余下处理依乳类、乳制品及含蛋白质的冷食类自"加入 5mL 乙酸锌溶液"起同样操作。

碳酸饮料：吸取 100mL 样品置于蒸发皿中，在水浴上除去二氧化碳后，移入 250mL 容量瓶内，用少量水涤荡蒸发皿，洗液并入容量瓶内，加水定容至刻度，摇匀后备用。

②吸取碱性酒石酸铜甲液、乙液各 5.0mL 于 150mL 锥形瓶内，加水 10mL，加入玻璃珠数粒，从滴定管内滴加葡萄糖标准溶液约 9mL，并在 2min 内加热至沸腾，趁热以每 2s 1 滴的速度继续滴加葡萄糖标准溶液，直到溶液的蓝色刚好褪去为止，记录消耗的葡萄糖标准溶液的总体积。重复平行操作 3 份，取其平均值。计算每 10mL 碱性酒石酸铜甲、乙混合液相当于葡萄糖的质量。

③吸取碱性酒石酸铜甲、乙液各 5.0mL 于 150mL 锥形瓶中，加水 10mL，加入玻璃珠数粒，在 2min 内加热至沸腾，趁热从滴定管中滴加样品溶液，整个过程保持沸腾状态，待溶液颜色转浅后，以每秒 1 滴的速度滴定，直至溶液蓝色刚好褪去为止，记录样品消耗体积。

④吸取碱性酒石酸铜甲、乙液各 5.0mL 于 150mL 锥形瓶中，加水 10mL，加玻璃珠数粒，从滴定管滴加比预测体积少 1mL 的样品溶液，并在 2min 内加热至沸腾，趁沸连续以每 2s 1 滴的速度滴定，以溶液蓝色刚好褪去为终点，记录样液消耗体积。重复平行操作 3 份，取其平均消耗体积。

⑤结果计算：

$$还原糖(以葡萄糖计,\%) = \frac{m_1}{m_2 V/250 \times 1\,000} \times 100$$

式中：m_1——10mL 碱性酒石酸铜混合液相当于葡萄糖的质量，mg；

m_2—— 样品的质量或体积，g 或 mL；

V—— 测定时消耗样品溶液的平均体积，mL；

250—— 样品溶液总体积，mL。

五、说明

①此法又称快速法，适合于各类食品中还原糖的测定，是国家标准分析法。

②此实验应严格遵守操作步骤及条件的准确一致性（如加热时间，滴定时的条件与速度等），以减少操作中产生的误差。

【思考题】

分析斐林试剂法测还原糖含量的优缺点。

实验 4　油脂过氧化值、碘值、酸价分析

Ⅰ　过氧化值的测定

一、实验目的
学习并掌握测定油脂过氧化值方法；掌握油脂过氧化值对油脂品质的影响。

二、实验原理
油脂的过氧化值是以 100g 油脂能氧化析出碘的质量(g)($I_2\%$)或每千克油脂中含过氧化物氧的物质的量(mmol)表示(mmol/kg)。

油脂中的过氧化物与碘化钾作用能析出游离碘，用硫代硫酸钠标准溶液滴定游离碘，根据硫代硫酸钠溶液被消耗的体积，计算油脂过氧化值。

三、试剂和仪器用具
1. 试剂
(1) 三氯甲烷－冰乙酸混合液　取三氯甲烷 40mL，加冰乙酸 60mL，混匀。
(2) 饱和碘化钾溶液　新配制且不得含有游离碘和碘酸盐，取碘化钾 144g，加水 100mL，贮于棕色瓶中。
(3) 硫代硫酸钠标准溶液 [$c(Na_2S_2O_3)$ = 0.002mol/L]。
(4) 淀粉指示剂(10g/L)。

2. 仪器用具
天平，碘量瓶，滴定管，锥形瓶，容量瓶，移液管，称量瓶，试剂瓶，量筒，烧杯等。

四、实验方法
① 称取 2.00~3.00g 混匀(必要时过滤)的样品，置于 250mL 碘量瓶中，加 30mL 三氯甲烷－冰乙酸混合液，使样品完全溶解。

② 加入 1.00mL 饱和碘化钾溶液，紧密塞好瓶盖，并轻轻振摇 0.5min，然后在暗处放置 3min。取出加 100mL 水，摇匀，立即用硫代硫酸钠标准溶液(0.002mol/L)滴定至淡黄色时，加 1mL 淀粉指示剂，继续滴定至蓝色消失为终点。同时，取相同量三氯甲烷－冰乙酸溶液、碘化钾溶液、水，按同一方法，做试剂空白试验。

③ 结果计算：
以碘的百分数表示过氧化值。

$$过氧化值(I_2\%) = \frac{(V_1 - V_2)c \times 0.1269}{m} \times 100$$

式中：V_1——样品消耗硫代硫酸钠标准滴定溶液体积，mL；

V_2——试剂空白消耗硫代硫酸钠标准滴定溶液体积，mL；

c——硫代硫酸钠标准滴定溶液的浓度，mol/L；

m——试样质量，g；

0.126 9——与1.00mL硫代硫酸钠标准滴定溶液[$c(Na_2S_2O_3)$ = 1.000mol/L]相当的碘的质量，g。

以每千克油脂中过氧化物中氧的物质的量(mmol)表示过氧化值时按下式计算：

$$过氧化值(过氧化物\ mmol/kg\ 油) = \frac{(V_1 - V_2)c}{m} \times 1\,000$$

测定结果取算术平均值的二位有效数字；相对偏差≤10%。

五、说明

①加入碘化钾后，静置时间长短和加水量多少，对测定结果均有影响，应严格控制条件。

②在用硫代硫酸钠标准溶液滴定被测样品溶液时，必须在接近滴定终点溶液呈淡黄色时，才能加淀粉指示剂，否则淀粉大量吸附碘而影响结果的准确性。

Ⅱ 碘值的测定

一、实验目的

学习并掌握测定油脂碘值的方法；了解油脂碘值与油脂饱和度的关系。

二、实验原理

碘值是指在一定条件下与100g油脂起加成反应所需碘的质量(g)。碘值是油脂不饱和程度的特征指标。它的大小，可以鉴定油脂的不饱和程度，不饱和程度大者，碘值大；反之，则小。因此，根据油脂碘值，可以判定油脂的干性程度。例如，碘值大于130的油脂属于干性油类，可用作油漆；小于100的油脂属于不干性油类；碘值在100~130之间的油脂则为半干性油类。

在碘的冰乙酸溶液内通入新制的干燥氯气，则生成氯化碘的冰乙酸溶液[韦氏(Wijs)试剂]。

$$I_2 + Cl_2 \longrightarrow 2ICl$$

氯化碘则与油脂中的不饱和脂肪酸发生加成反应，生成饱和的卤素衍生物。

$$CH_3\cdots\cdots CH=CH\cdots\cdots COOH + ICl = CH_3\cdots\cdots\underset{I}{CH}-\underset{Cl}{CH}\cdots\cdots COOH$$

再加入过量的碘化钾与剩余的氯化碘作用，生成游离碘。

$$KI + ICl = KCl + I_2$$

再用硫代硫酸钠标准溶液滴定游离出的碘。

$$I_2 + 2Na_2S_2O_3 = Na_2S_4O_6 + 2NaI$$

同时做空白试验，空白与试样消耗硫代硫酸钠标准溶液之差，可算出加成碘的数量。

三、试剂和仪器用具

1. 试剂

（1）10g/100mL 碘化钾溶液（不含碘酸盐或游离碘）。

（2）淀粉溶液　将 5g 可溶性淀粉在 30mL 水中混合，加入 1 000mL 沸水，并煮沸 3min，然后冷却。

（3）0.1mol/L $Na_2S_2O_3$ 标准溶液（标定后 7d 内使用）。

（4）环己烷和冰乙酸等体积混合液（溶剂）。

（5）韦氏（Wijs）试剂　称 9g 氯化碘溶解在 700mL 冰乙酸和 300mL 环己烷的混合液中。取 5mL 溶液，加 5mL 10g/100mL 碘化钾溶液和 30mL 水，加几滴淀粉溶液作为指示剂，用 0.1mol/L 硫代硫酸钠标准溶液滴定析出的碘，滴定体积记作 V_1。加 10g 纯碘于含 9g 氯化碘的冰乙酸－环己烷中，使其完全溶解。如上法滴定，滴定体积记作 V_2。V_2/V_1 应大于 1.5，否则可稍加一点纯碘直至 V_2/V_1 略超过 1.5。将加好纯碘的溶液静置后取上层清液倒入具塞棕色试剂瓶中，即为韦氏（Wijs）试剂，置于暗处保存。

2. 仪器用具

滴定管，碘量瓶，天平，容量瓶，移液管，称量瓶，试剂瓶，量筒，烧杯等。

四、实验方法

①根据样品预估的碘值，称取适量的样品于玻璃称量皿中。推荐的称样量见表 4-1。

表 4-1　试样称取质量

预估碘值/（g/100g）	试样质量/g	溶剂体积/mL
<1.5	15.00	25
1.5~2.5	10.00	25
2.5~5	3.00	20
5~20	1.00	20
20~50	0.40	20
50~100	0.20	20
100~150	0.13	20
150~200	0.10	20

注：试样的质量必须能保证所加入的韦氏（Wijs）试剂过量 50%~60%，即吸收量的 100%~150%。

②将称好的试样放入 500mL 碘量瓶中，加入 20mL 环己烷和冰乙酸混合溶剂溶解试样，用大肚吸管准确加入 25mL 韦氏（Wijs）试剂，盖好塞子，摇匀后将锥形瓶置于暗处。同时，用溶剂和试剂制备空白试液。对碘值低于 150 的样品，锥形瓶应在暗处放置

1h；碘值高于 150 和已经聚合的物质或氧化到相当程度的物质，应置于暗处 2h。

③反应时间结束后加 20mL 碘化钾溶液和 150mL 水。用硫代硫酸钠标准溶液滴定至浅黄色。加几滴淀粉溶液继续滴定，直到剧烈摇动后蓝色刚好消失。

④结果计算：

油脂碘值按下列公式计算：

$$碘值(\%) = \frac{(V_1 - V_2)c \times 0.1269}{m} \times 100$$

式中：碘值——每 100g 试样中含碘的质量，g/100g；

V_1——试样用去的硫代硫酸钠溶液体积，mL；

V_2——空白试验用去的硫代硫酸钠溶液体积，mL；

c——硫代硫酸钠溶液的浓度，mol/L；

m——试样质量，g；

0.1269——1mmol $1/2 I_2$ 的质量，g/mmol。

五、说明

①韦氏(Wijs)试剂由大肚吸管中流下的时间，各次试验应取得一致，试剂与油样接触的时间，应注意维持恒定，否则易产生误差。

②光和水分对氯化碘起作用，因此，所用仪器必须干净、干燥。试样最好事先经干燥剂脱水并过滤，以除去水分。配好的试剂必须用深色玻璃瓶盛装。

③配制韦氏(Wijs)试剂的冰乙酸质量必须符合要求，其冰点不在 15℃ 以下，且不能含有还原性杂质。鉴定是否含有还原性杂质的方法如下：取冰乙酸 2mL，用 10mL 蒸馏水稀释，加入 0.1mL 高锰酸钾溶液 $[c(1/5 MnO_4) = 0.2 mol/L]$，所呈现的红色应 2h 内保持不变。如果红色褪去，说明有还原性物质存在。可用下面的方法精制：取冰乙酸 800mL，放入圆底烧瓶内，加 8~10g 高锰酸钾，接上回流冷凝器，加热回流约 1h，移入蒸馏瓶中进行蒸馏，收集 118~119℃ 间的馏出物。

Ⅲ 酸价的测定

一、实验目的

学习并掌握测定油脂酸价的方法；掌握油脂酸价对油脂品质的影响。

二、实验原理

油脂酸价又称油脂酸值，是检验油脂中游离脂肪酸含量的一项指标。以中和 1g 油脂中的游离脂肪酸所需氢氧化钾的质量(mg)表示。

用中性乙醇-乙醚混合溶剂溶解油样，再用碱标准溶液滴定其中的游离脂肪酸，根据油样质量和消耗碱液的量计算油脂酸价。

三、试剂和仪器用具

1. 试剂

0.1mol/L 氢氧化钾(或氢氧化钠)标准溶液,中性乙醚–乙醇(2:1)混合溶剂(临用前用 0.1mol/L 碱液滴定至中性),1g/100mL 酚酞乙醇溶液指示剂,2g/100mL 碱性蓝 6B 或百里酚酞(适用于深色油脂)。

2. 仪器用具

滴定管,锥形瓶,天平,容量瓶,移液管,称量瓶,试剂瓶,量筒,烧杯等。

四、实验方法

①称取混匀试样 3~5g 注入锥形瓶中,加入中性乙醚–乙醇(2:1)混合溶剂 50mL,摇动使试样溶解,再加 3 滴酚酞指示剂。

②用 0.1mol/L 碱液滴定至变色,在 15s 内不消失,即为终点,记下消耗的碱液体积(mL)。

③结果计算:

油脂酸价按下列公式计算:

$$酸价(\mathrm{mg\ KOH/g\ 油}) = \frac{Vc \times 56.1}{m}$$

式中:V——滴定消耗的氢氧化钾溶液体积,mL;

c——氢氧化钾溶液浓度,mol/L;

m——试样质量,g;

56.1——氢氧化钾的摩尔质量,g/mol。

五、说明

①测定深色油的酸价,可减少试样用量,或适当增加混合溶剂的用量,以酚酞为指示剂,终点变色明显。

②蓖麻油不溶于乙醚,因此测定蓖麻油的酸价时,只用中性乙醇做溶剂即可。

③滴定过程中如出现混浊或分层,表明由碱液带进的水量过多(水:乙醇超过 1)所致。此时,应补加混合溶剂以消除混浊,或改用碱乙醇溶液进行滴定。

【思考题】

1. 过氧化值、碘值和酸价分别反映油脂的什么性质?
2. 应采用什么方法减少测定深色油脂对实验结果的影响?

实验5 维生素C含量分析

维生素C又称作抗坏血酸，具有较强的还原性，对光敏感，氧化后的产物称为脱氢抗坏血酸，仍然具有生理活性。进一步水解则生成2，3－二酮古乐糖酸，失去生理作用。在食品中，这三种形式均存在，但主要是前两者，故许多国家的食品成分表均以抗坏血酸和脱氢抗坏血酸的总量表示。

测定维生素C常用的方法有靛酚滴定法、苯肼比色法、荧光法及高效液相色谱法、极谱法等。本实验采用2，6－二氯靛酚滴定法。

一、实验目的

学习并掌握2，6－二氯靛酚滴定法测定维生素C的含量。

二、实验原理

染料2，6－二氯靛酚的颜色反应有两种特性：一是受介质的pH值影响，在酸性溶液中呈浅红色，在碱性溶液中呈蓝色；二是颜色取决于其氧化还原状态，还原态为无色，氧化态为深蓝色。用蓝色的碱性染料2，6－二氯靛酚标准溶液对含维生素C的酸性浸出液进行滴定，2，6－二氯靛酚被还原为无色，当达到滴定终点时，多余的2，6－二氯靛酚在酸性介质下表现出浅红色，由2，6－二氯靛酚的用量可计算出样品中还原性维生素C的含量。

三、试剂和仪器用具

1. 试剂

（1）1%或2%草酸溶液。

（2）抗坏血酸标准溶液 准确称取20mg抗坏血酸，溶于1%的草酸中，并稀释定容至100mL，置冰箱中保存。用时取出5mL，置于50mL容量瓶中，用1%草酸溶液定容，配成0.02mg/mL的标准使用液。

（3）抗坏血酸标准溶液的标定 吸取标准使用液5mL于锥形瓶中，加入6%碘化钾溶液0.5mL、1%淀粉溶液3滴，以0.001mol/L碘酸钾标准溶液滴定，终点为淡蓝色。

计算公式：
$$c = 0.088 V_1 / V_2$$

式中：c——抗坏血酸标准溶液的浓度，mg/mL；

V_1——滴定时消耗0.001mol/L碘酸钾标准溶液的体积，mL；

V_2——滴定时所取抗坏血酸标准溶液的体积，mL；

0.088——1mL 0.001mol/L碘酸钾标准溶液相当于抗坏血酸的量，mg/mL。

（4）2，6－二氯靛酚溶液 称取52mg碳酸氢钠溶于200mL热蒸馏水中，然后称取2，6－二氯靛酚50mg溶解于上述碳酸氢钠溶液中，冷却，置于冰箱中过夜。次日过滤于 250mL 棕色容量瓶中，定容，在冰箱中保存，每周标定 1 次。

（5）2，6-二氯靛酚溶液的标定　取 5mL 已知浓度的抗坏血酸标准溶液，加入 1% 草酸溶液 5mL，摇匀，用 2，6-二氯靛酚溶液滴定至溶液呈粉红色，在 15s 不褪色为终点。

计算公式：
$$T = (cV_1)/V_2$$

式中：T——1mL 染料溶液相当于抗坏血酸的量（mg），mg/mL；

　　　c——抗坏血酸标准溶液的浓度，mg/mL；

　　　V_1——抗坏血酸标准溶液的体积，mL；

　　　V_2——消耗 2，6-二氯靛酚的体积，mL。

2. 仪器用具

组织捣碎机，离心机，乳钵，滴定管，锥形瓶，天平，容量瓶，移液管，称量瓶，试剂瓶，量筒，烧杯等。

四、实验方法

①称取 100g 鲜样，加等量的 2% 草酸溶液，倒入组织捣碎机中打成匀浆。取 10～40g 匀浆（含抗坏血酸 1～2mg）于 100mL 容量瓶内，用 1% 草酸稀释至刻度，混合均匀。

称取 1～4g 干样（含 1～2mg 抗坏血酸）放入乳钵内，加入 1% 草酸溶液磨成匀浆，倒入 100mL 容量瓶中，用 1% 草酸稀释至刻度。过滤上述样液，不易过滤的可用离心机沉淀后，倾出上清液，过滤备用。

②吸取 5～10mL 滤液，置于 50mL 锥形瓶中，加入已标定过的 2，6-二氯靛酚溶液滴定，以呈现的粉红色在 15s 内不消失为终点。同时做空白试验。

③结果计算：

$$X = \frac{100(V - V_0)T}{m}$$

式中：X——样品中抗坏血酸含量，mg/100g；

　　　T——1mL 染料溶液相当于抗坏血酸标准溶液的量，mg/mL；

　　　V——滴定样液时消耗染料的体积，mL；

　　　V_0——滴定空白时消耗染料的体积，mL；

　　　m——滴定时所取滤液中含有样品的质量，g。

五、说明

①本法适用于测定还原型抗坏血酸，不适于有亚铁、亚锡、亚铜、亚硫酸盐或硫代硫酸盐共存的样品。

②所有试剂最好用重蒸馏水配制。

③样品采取后，应浸泡在已知量的 2% 草酸溶液中，以防止维生素 C 氧化损失。测定时整个操作过程要迅速，防止抗坏血酸被氧化。

④动物性样品，须用 10% 三氯乙酸代替 2% 草酸溶液提取。

⑤某些水果、蔬菜浆状物泡沫太多，可加数滴丁醇或辛醇。

⑥整个操作过程需要迅速，防止还原型抗坏血酸被氧化，滴定过程一般不超过2min。

【思考题】

对含有大量色素的样品如何测定其中的维生素C含量？

实验 6　淀粉的糊化温度测定

一、实验目的

学习并掌握偏光十字法测定淀粉的糊化温度；学习热台显微镜的使用方法。

二、实验原理

淀粉发生糊化现象的温度称为糊化温度。颗粒较大的淀粉容易在较低的温度下先糊化，称为糊化开始温度，待所有淀粉颗粒全部糊化，所需的温度称为糊化完成温度，两者相差约10℃。因此，糊化温度不是指某一个确定的温度，而是指从糊化开始温度到完成温度的一定范围。糊化温度的测定有偏光十字测定法、BV 测定法、RVA 测定法和DSC 分析技术等。

淀粉颗粒属于球晶体系，具备球晶的一般特性，在偏光显微镜下淀粉颗粒具有双折射性，呈现偏光十字。淀粉乳糊化后，颗粒的结晶结构消失，分子变成无定形排列时，偏光十字也随之消失，根据这种变化能测定糊化温度。

三、材料、试剂和仪器用具

1. 材料、试剂

矿物油，淀粉。

2. 仪器用具

热台显微镜，载玻片，盖玻片。

四、实验方法

1. 淀粉乳的配制

称取 0.1~0.2g 淀粉样品加入 100mL 蒸馏水中，使其含量为 0.1%~0.2%，搅拌均匀待用。

2. 样品玻片的制作

取 1 滴稀淀粉乳，含 100~200 个淀粉颗粒，置于载玻片上，放上盖玻片，盖玻片四周围施以高黏度矿物油，置于电加热台。

3. 糊化温度的测定

调节电加热台的加热功率，使温度以约 2℃/min 的速度上升，跟踪观察淀粉颗粒偏光十字的变化情况。淀粉乳温度升高到一定温度时，有的淀粉颗粒的偏光十字开始消失，便是糊化开始的温度，随着温度的升高，更多淀粉颗粒的偏光十字消失，当约98%的淀粉颗粒偏光十字消失即为糊化完成温度。

五、说明

淀粉乳液的浓度适中,使得一滴淀粉乳液中含 100~200 个淀粉颗粒,淀粉颗粒太少没有统计学意义,样品没有足够的代表性,淀粉颗粒太多则不利于观察计数。

【思考题】

淀粉的糊化温度为何是一个温度范围?

实验 7 酶活力测定

一、实验目的
学习并掌握酶活力的测定方法。

二、实验原理
蛋白酶对酪蛋白、乳清蛋白、谷物蛋白等都有很好的水解作用。磷钨酸和磷钼酸混合试剂，即福林-酚试剂，在碱性条件下极不稳定，易被酚类化合物还原而呈蓝色反应（钨蓝和钼蓝混合物）。由于蛋白质中含有具有酚基的氨基酸（酪氨酸、色氨酸、苯丙氨酸），因此，蛋白质及其水解产物也呈此反应。利用蛋白酶分解酪蛋白（底物）生成含酚基氨基酸的呈色反应，来间接测定蛋白酶的活力。

三、试剂和仪器用具

1. 试剂

（1）福林试剂 2 000mL 磨口回流装置内加入钨酸钠（$Na_2WO_4 \cdot 2H_2O$）100g、钼酸钠（$NaMoO_4 \cdot 2H_2O$）25g、水 700mL、85% 的磷酸 50mL、浓盐酸 100mL，文火回流 10h，加入硫酸锂（Li_2SO_4）150g、蒸馏水 50mL，混匀取去冷凝器，加入几滴液体溴，再蒸沸 15min，以驱逐残溴及除去颜色，溶液应呈黄色。若溶液有绿色，需再加数滴液体溴，再蒸沸除去，冷却后定容至 1 000mL，过滤，置于棕色瓶中保存，此溶液使用时加 2 倍蒸馏水稀释。

（2）磷酸盐缓冲液的制备（pH 7.2） 准确称取磷酸二氢钠（$NaH_2PO_3 \cdot 2H_2O$）31.2g 加水定容至 1 000mL，即 A 液；磷酸氢二钠（$Na_2HPO_3 \cdot 12H_2O$）71.63g 加水定容至 1 000mL，即 B 液。使用时取 A 液 28mL 和 B 液 72mL，再用蒸馏水稀释 1 倍，即成 0.1mol/L pH 7.2 的磷酸盐缓冲液。

（3）2% 酪蛋白溶液 准确称取干酪蛋白 2g，加入 0.1mol/L 氢氧化钠 10mL，在水浴中加热使溶解（必要时用小火加热煮沸），然后用 pH7.2 的磷酸盐缓冲液定容至 100mL 即成。配制后应及时使用或放入冰箱内保存，否则极易繁殖细菌，引起变质。

（4）100μg/mL 酪氨酸标准溶液 准确称取预先于 105℃ 干燥至恒重的 L-酪氨酸 0.100 0g，逐步加入 1mol/L 盐酸 6mL 使之溶解，用 0.2mol/L 盐酸定容至 100mL，其浓度为 1 000μg/mL，再吸取此液 10mL，以 0.2mol/L 盐酸定容至 100mL，即配成 100μg/mL 的酪氨酸溶液。此溶液配成后也应及时使用或放入冰箱内保存，以免繁殖细菌而变质。

2. 仪器用具

分析天平，恒温水浴锅，计时表，分光光度计，振荡混合器，pH 计。

四、实验方法

①准确称取 1.000g 固体酶或移取 1mL 液体酶样，用少量的 pH7.2 的磷酸盐缓冲液溶解并用玻璃棒捣研，然后将上清液倒入 100mL 容量瓶，沉渣中再添入少量缓冲液捣研多次，最后全部移入容量瓶，稀释至刻度，用四层纱布过滤。滤液可作为测试酶用，该酶已经稀释 100 倍。

②L-酪氨酸标准曲线的绘制。分别取上述溶液各 1.00mL，加入 0.4mol/L 碳酸钠溶液 5.00mL。福林试剂使用溶液 1.00mL，置于 40℃ 水浴中显色 20min，取出用分光光度计于波长 680nm 处比色，以不含酪氨酸的 0 管为空白管调零点，分别测定其吸光度值（OD），以吸光度值为纵坐标，酪氨酸的浓度为横坐标，绘制标准曲线或计算回归方程。计算出当 OD 为 1 时的酪氨酸的量（μg），即为吸光常数 K 值，其 K 值应在 95~100 范围内。

表 7-1　酶活力测定实验加样表

试管号	0	1	2	3	4	5
100μg/mL 酪氨溶液/mL	0	1	2	3	4	5
蒸馏水/mL	10	9	8	7	6	5
酪氨酸实际浓度/(μg/mL)	0	10	20	30	40	50

③先将酪蛋白溶液放入 40℃ 恒温水浴中，预热 5min。然后取 4 支试管，各加入 1mL 酶液，取一支作为空白管，加 2mL 三氯乙酸，其他 3 管作为测试管各加入 1mL 酪蛋白，摇匀，40℃ 保温 10min。取出试管，3 支测试管中各加入 2mL 三氯乙酸，空白管中加 1mL 酪蛋白。静置 10min，过滤沉淀。各取 1mL 滤液，分别加 0.4mol/L 的碳酸钠溶液 5mL、福林试剂 1mL。在 40℃ 显色 20min。于 680nm 处测 OD 值。以空白管调零点。

④结果计算：

酶活力定义：1g 固体酶粉（或 1mL 液体酶），在 40℃ 下，1min 水解酪蛋白产生 1μg 酪氨酸为一个酶活力单位。

计算酶的活性单位依据以下公式：

$$蛋白酶的活力 = AK \times \frac{4}{10} \times \frac{1}{(1-W)}$$

式中：A——样品平行实验的平均 OD 值；
　　　K——吸光常数；
　　　4——反应试剂的总体积；
　　　10——酶解反应时间；
　　　W——样品水分含量（质量分数）。

【思考题】

测定酸性蛋白酶的酶活力是否采用 pH7.2 的磷酸盐缓冲液？如果不是应采用什么缓冲溶液？

实验8 食品流变性和质构测定

Ⅰ 旋转黏度计测定魔芋胶的黏度

一、实验目的
学习并掌握使用旋转黏度计测定黏度。

二、实验原理
黏度是流体的重要物理性质之一,是食品业、涂料业、聚合涂层业、石油工业及其他工业的一个重要的标准特征。测量流体的黏度和流动性在工业生产和基础学科研究中具有十分重要的意义。目前测量流体黏度的方法主要有毛细管法、旋转法、振动法及落球法等。其中,旋转法是一种比较常用的方法,被广泛地应用于测量牛顿型流体和非牛顿型流体的黏度及流变特性中。旋转式黏度计主要是由一台同步微型电动机带动转筒以一定的速率在被测流体中旋转,由于受到流体黏滞力的作用,转筒会产生滞后,与转筒连接的弹性元件则会在旋转的反方向上产生一定的扭转,通过测量扭转应力的大小就可以计算得到流体的黏度值。

三、材料和仪器用具
1. 材料
魔芋精粉。
2. 仪器用具
DNJ-1 型旋转黏度计,恒温水浴锅,电子天平,直流调速翼型搅拌器。

四、实验方法
①量取 495mL 蒸馏水加入 500mL 烧杯中,置于 30℃恒温水浴锅中,将直流调速翼型搅拌器放入烧杯中,以 150r/min 的转速搅拌 1h。

②取出烧杯,用 4 号转子以 12r/min 的转速进行第一次黏度测定,测定后将烧杯继续置于 30℃恒温水浴锅中用直流调速翼型搅拌器搅拌,每隔 0.5h 重复测定一次,直至黏度计读数达到最大值并明显下降为止。每次测定时连续读取 3 个测试值,并计算平均值。

③结果计算:
样品中的黏度 η 按下式计算:

$$\eta = K\theta$$

式中:η——样品黏度,mPa·s;

K——系数,采用 4 号转子 12r/min 时为 500;

θ——旋转黏度计指针最大平均值。

五、说明

①魔芋胶是一种非牛顿流体,其表观黏度随剪切速率和时间而变化,故不同的转子、转速及时间下测定结果不一致,所以应规定转子和转速来测定。
②准确控制被测液体的温度。
③测定时尽可能将转子置于烧杯中心,防止转子浸入液体时有气泡黏附于转子下面。

Ⅱ 质构仪测定果胶凝胶的性能

一、实验目的

学习并掌握使用质构仪测定质地特性。

二、实验原理

果胶因有良好的乳化、增稠、稳定和胶凝作用,在国内外已广泛用于食品、医药、化妆品、纺织、印染、冶金、烟草等行业中。果胶在食品中用作凝胶剂、增稠剂、乳化剂和稳定剂。通常根据果胶分子链中半乳糖醛酸甲酯化比例的高低,将果胶划分为低酯果胶(甲氧基含量小于7%)和高酯果胶(甲氧基含量大于7%)。由于两类果胶分子结构上的差异,其果胶的性质、凝胶机理及对体系的要求也不相同,在具体使用方法上也不一样。高酯果胶在温度低于50℃,糖浓度达到60%~70%,加入酸控制pH值在2~3.5时,就可形成凝胶;低酯果胶中,即使糖、酸比再恰当也无法形成凝胶,而高价金属离子却有可能把果胶分子交联起来形成凝胶。

质构仪是由一个能对样品产生变形作用的机械装置,一个用于盛装样品的容器和一个对力、时间和变形率进行记录的记录系统组成。测试围绕着距离(distance)、时间(time)、作用力(force)三者进行测试和结果分析,也就是说,物性分析仪所反映的主要是与力学特性有关的食品质地特性,其结果具有较高的灵敏性与客观性,并可通过配备的专用软件对结果进行准确的数量化处理,以量化的指标来客观全面地评价食品,从而避免了人为因素对食品品质评价结果的主观影响。

三、材料、试剂和仪器用具

1. 材料、试剂

果胶,蔗糖,柠檬酸,磷酸氢二钠,硫酸铜。

2. 仪器用具

分析天平,Texture Analyser X-T21 型质构仪。

四、实验方法

1. 金属离子对凝胶质构性能的影响

称取1g果胶和30g蔗糖于250mL烧杯中,加入100mL pH4 的柠檬酸-磷酸氢二钠缓冲溶液，在80℃水浴中加热搅拌20min，使果胶和蔗糖充分溶解后分别加入0和1.5mL的10mg/mL硫酸铜溶液，充分搅拌，待凝胶形成后，室温下静置24h。观察凝胶形成状况，考察金属离子对凝胶性能的影响。

2. 果胶浓度对凝胶质构性能的影响

分别称取0.3g、0.5g、1g、1.5g果胶和30g蔗糖于250mL烧杯中，加入100mL pH4的柠檬酸-磷酸氢二钠缓冲溶液，在80℃水浴中加热搅拌20min，使果胶和蔗糖充分溶解后加入1.5mL的10mg/mL硫酸铜溶液，充分搅拌，待凝胶形成后，室温下静置24h。测定其凝胶性能曲线，考察果胶浓度对凝胶性能的影响。

3. 糖的浓度对凝胶质构性能的影响

称取1g果胶和10g、20g、30g、40g蔗糖于250mL烧杯中，加入100mL pH4的柠檬酸-磷酸氢二钠缓冲溶液，在80℃水浴中加热搅拌20min，使果胶和蔗糖充分溶解后加入1.5mL的10mg/mL硫酸铜溶液，充分搅拌，待凝胶形成后，室温下静置24h。测定其凝胶性能曲线，考察蔗糖浓度对凝胶性能的影响。

4. 体系pH值对凝胶质构性能的影响

称取1g果胶和30g蔗糖于250mL烧杯中，分别加入100mL pH值为2.0、4.0、6.0和8.0的柠檬酸-磷酸氢二钠缓冲溶液，在80℃水浴中加热搅拌20min，使果胶和蔗糖充分溶解后加入1.5mL的10mg/mL硫酸铜溶液，充分搅拌，待凝胶形成后，室温下静置24h。测定其凝胶性能曲线，考察体系pH值对凝胶性能的影响。

5. 质构仪测定条件设置

探头模具为A1BE；探头半径为35mm；测定模式为measure force in compression；测定选项为return to the start；实验速度为1.5mm/s；初始速度为5.0mm/s；穿透距离30cm；上提5mm/s；温度为20℃。

五、说明

尽管钙离子是果胶在食品加工中的常用凝胶剂，但二价铜离子形成的凝胶具有鲜艳的颜色，因此，尽管铜离子并不适用于食品添加，但为了便于实验观察减少人为误差，在标准形成条件中选择铜离子为凝胶金属离子。

【思考题】

1. 实验温度对黏度的测定结果会产生什么影响？
2. 适当的糖浓度为什么会增强凝胶的强度？

参考文献

韩雅珊. 1996. 食品化学实验指导[M]. 北京：中国工商出版社.

杨书珍，史欣峰，潘思轶，等. 2007. 魔芋-卡拉胶复配凝胶质构特性研究[J]. 天然产物研究与开发，19：404-407.

刘贺，朱丹实，徐学明，等. 2009. 低酯桔皮果胶凝胶全质构参数及持水性响应面分析[J]. 食品科学，30：81-87.

第 2 篇
理论验证性实验
——食品成分在加工、贮藏过程中的变化

加工、贮藏中引起色变的化学基础

实验9 非酶褐变——美拉德反应及影响因素

一、实验目的
了解和掌握美拉德反应的基本原理和影响因素；掌握美拉德反应的测定原理、方法和步骤；体会实验条件对结果的影响。

二、实验原理
在一定的条件下，还原糖与氨基可发生一系列复杂的反应，最终生成类黑精色素——褐色的含氮色素，并产生一定的风味物质，这类反应统称为美拉德(Maillard)反应(也称羰氨反应)。Maillard 反应会对食品体系的色泽和风味产生较大影响。反应过程包括还原糖与胺形成葡基胺、希夫碱 Amadori 重排(醛糖)或 Heyns 重排(酮糖)，再经过复杂的反应生成具有一定风味的小分子物质，最后生成深色物质。

Maillard 反应的影响因素包括：①还原糖是 Maillard 反应的主要物质，五碳糖褐变速率是六碳糖的 10 倍左右，还原性单糖中五碳糖褐变速率排序为：核糖>阿拉伯糖>木糖；六碳糖中，半乳糖>甘露糖>葡萄糖。还原性双糖相对分子质量大，反应速率也慢。在羰基化合物中，α-乙烯醛褐变最快，其次是 α-双糖基化合物，酮类最慢。胺类褐变速率快于氨基酸。②温度一般每相差 10℃，反应速率相差 3~5 倍，温度高于 80℃ 时反应速率受温度和氧气影响变小。③水分含量在 10%~15% 时反应容易发生，完全干燥的食品难以发生。④当 pH 值在 3 以上时，反应随 pH 值增加而加快。⑤亚硫酸氢盐具有抑制褐变的作用，钙盐与氨基酸结合形成不溶性化合物可抑制反应发生。

三、材料、试剂和仪器用具
1. 材料、试剂

D-葡萄糖，L-天门冬氨酸，L-赖氨酸，L-苯丙氨酸，L-蛋氨酸，L-脯氨酸，L-精氨酸，L-亮氨酸，锡箔纸，蔗糖，D-木糖，D-半乳糖，D-果糖，四硼酸钠，氢氧化钠，氯化钾，氯化钙，氯化镁，氯化亚铁，氯化铁，蒸馏水。

2. 仪器用具

万分之一电子天平，恒温水浴锅，752 分光光度计，pH 计。

四、实验方法
1. 美拉德反应

①向 7 支装有 50mg D-葡萄糖的试管中添加 7 种不同的氨基酸(各试管中氨基酸的添

加量为50mg），再加入0.5mL蒸馏水，充分混匀。

②嗅闻每支试管，描述其风味并记录感官现象。

③用铝箔纸将每支试管盖起来，放入100℃水浴中，加热45min，再在水浴中冷却到室温，记录每支试管的气味（如巧克力味、马铃薯味、爆米花味等）。记录颜色：0＝无色，1＝亮黄色，2＝深黄色，3＝褐色。

2. 影响因素

(1) 不同pH值对反应的影响　称取适量的赖氨酸和葡萄糖，用盐酸或氢氧化钠调节 pH＝5.0～12.0，氨基酸和葡萄糖最终浓度分别约为0.02mol/L，用棕色瓶置于暗处存贮备用。吸取一定量的反应液于具塞试管中，在温度为100℃水浴中加热时间1h以上，反应结束后冷却到室温测定吸光值，记录结果。

(2) 不同温度和时间对反应的影响　称取适量的赖氨酸和葡萄糖溶解配置成浓度约为0.02mol/L的溶液，用氢氧化钠溶液调节 pH＝10.0。选取80℃、90℃、100℃这3个温度，分别保持30min、60min、90min、120min 4个时段。油浴110℃、120℃分别保持10min、20min、30min 3个时间段，然后冷却到室温在420nm波长下测定吸光度值，记录结果。

(3) 赖氨酸与不同类糖的反应　分别称取适量的5种糖，配置浓度为0.1mol/L，取糖溶液2mL分别加入5支试管中，再往每支试管中加入0.1mol/L的赖氨酸溶液2mL，用0.1mol/L的氢氧化钠溶液调 pH＝10.0，将试管置于100℃水浴中加热，40min后取出，冷却至室温测定420nm下的吸光度值，记录结果。

(4) 金属离子对反应的影响　准确称取 KCl、$FeCl_2$、$CaCl_2$、$MgCl_2$、$FeCl_3$，用蒸馏水定容至100mL，得到0.01mol/L的溶液。分别吸取溶液5mL用蒸馏水定容至50mL，配成1mmol/L的溶液。称取葡萄糖、赖氨酸配置成浓度约为0.02mol/L，用氢氧化钠溶液调节 pH＝10.0。取一定量的反应液于具塞三角瓶中，按0.05mL/10mL反应液加入金属盐溶液，并同时做空白试验，在100℃水浴中加热60min，冷却到室温后分别测定其吸光度，记录结果。

【思考题】

1. 各条件下美拉德反应的规律是什么？
2. 影响美拉德反应速率的因素有哪些？

实验10　淀粉酶酶促反应影响因素分析

一、实验目的

了解温度、pH 值、激活剂、抑制剂对酶促反应速率的影响；学习测定温度、pH 值、激活剂、抑制剂影响酶促反应的方法。

二、实验原理

在酶促反应中，酶的催化活性与环境温度、pH 值有密切的关系。通常酶只有在一定的温度、pH 值范围内才表现出较高的活性。酶的激活剂和抑制剂可以加速或抑制酶的活性，如氯化钠在低浓度时为唾液淀粉酶的激活剂，而硫酸铜则是它的抑制剂。

本实验利用淀粉水解过程中不同阶段的产物与碘有不同颜色的反应，定性观察唾液淀粉酶在酶促反应中各种因素对其活性的影响。

淀粉水解程度不同，具有下列规律：淀粉(遇碘呈蓝色)→紫色糊精(遇碘呈紫色)→红色糊精(遇碘呈红色)→无色糊精(遇碘不呈色)→麦芽糖(遇碘不呈色)→葡萄糖(遇碘不呈色)。所以，淀粉被唾液淀粉酶水解的程度可由水解混合物遇碘呈现的颜色来判断，以此反映淀粉酶的活性，由此检验温度、pH 值、激活剂、抑制剂对酶促反应的影响。

三、材料、试剂和仪器用具

1. 材料、试剂

(1) 新鲜唾液稀释液(唾液淀粉酶液)　每位同学进实验室自己制备，先用纯净水漱口，以清除食物残渣，再含一口纯净水，0.5min 后使其流入量筒并稀释至 200 倍(稀释倍数可因人而异)混匀备用。

(2) 1% 淀粉溶液 A(含 0.3% NaCl)　将 1g 可溶性淀粉及 0.3g 氯化钠混悬于 5mL 蒸馏水中，搅动后，缓慢倒入沸腾的 60mL 蒸馏水中，搅动煮沸 1min，冷却至室温，加水定容至 100mL，放入冰箱中保存。

(3) 1% 淀粉溶液 B(不含 NaCl)　配置方法同(2)，不需要加入氯化钠。

(4) 碘液　称取 2g 碘化钾溶于 10mL 蒸馏水中，再加入 1g 碘，待碘完全溶解后，加蒸馏水 290mL，混匀贮于棕色瓶中。

(5) 分别配置 1% 的 NaCl、1% 的 $CuSO_4$ 溶液 100mL。

(6) 10mL 缓冲溶液系统按表 10-1 混合配制。

表10-1　缓冲溶液系统的配制

pH 值	0.2mol/L 磷酸氢二钠溶液/mL	0.1mol/L 柠檬酸溶液/mL
5.0	5.15	4.85
5.8	6.05	3.95
6.8	7.72	2.28
8.0	9.72	0.28

2. 仪器用具

试管和试管架,恒温水浴,冰浴,吸量管(1mL 6 支、2mL 4 支、5mL 4 支),滴管,量筒,玻璃棒,白瓷板,秒表,烧杯,棕色瓶。

四、实验方法

1. 温度对酶促反应的影响

取 3 支试管编号,按表 10-2 进行操作。

表10-2　温度对酶促反应的影响实验操作表

试管编号	淀粉酶液体积/mL	酶液处理温度/℃	pH6.8 缓冲液体积/mL	1% 淀粉溶液 A 体积/mL	反应时间/min
1	1	0	2	1	10
2	1	37~40	2	1	10
3	1	70 左右	2	1	10

上述各试管在不同的温度下保温反应 10min 后,立即取出,流水冷却 3min,向各试管分别加入碘液 1 滴。仔细观察各试管溶液的颜色并记录,说明温度对酶活性的影响,确定最适温度。

2. pH 值对酶促反应的影响

取 1 支试管,加入 1% 淀粉溶液 A2mL、pH6.8 缓冲液 3mL、淀粉酶 2mL,摇匀后,向试管内插入一支玻璃棒,置 37℃ 水浴保温。每隔 1min 用玻璃棒从试管中取出 1 滴混合于白瓷板上,随即加入碘液 1 滴,检查淀粉水解程度。待混合液遇碘不变色时,从水浴中取出试管,立即加入碘液 1 滴,摇匀后,观察溶液的颜色,再次确定水解程度。记录从加入酶液到加入碘液的时间,此时间为保温时间。若保温时间太短(2~3min),说明酶活力太高,应酌情降低酶液的浓度,保温时间最好在 8~15min,然后进行如下操作。

取 4 支试管编号,按表 10-3 操作。

表 10-3　pH 值对酶促反应的影响实验操作表

试管编号	缓冲溶液/mL				1%淀粉溶液 A /mL	淀粉酶液(每隔1min 分别加入各管)/mL
	pH5.0	pH5.8	pH6.8	pH8.0		
1	3	0	0	0	2	2
2	0	3	0	0	2	2
3	0	0	3	0	2	2
4	0	0	0	3	2	2

将上述各试管液混匀后，再以 1min 间隔依次将 4 支试管置于 37℃ 水浴中保温。达保温时间后，依次将各试管迅速取出，并立即加入碘液 1 滴，观察各试管溶液的颜色并记录。分析 pH 对酶促反应的影响，确定最适 pH 值。

3. 激活剂、抑制剂对酶促反应的影响

取 3 支试管编号，按表 10-4 加入各试剂。

表 10-4　实验加样表　　　　　　　　　　　　　　　　　　　　mL

试管编号	1%淀粉溶液 B	1% NaCl 溶液	1% $CuSO_4$ 溶液	蒸馏水	淀粉酶液
1	2	1	0	0	1
2	2	0	1	0	1
3	2	0	0	1	1

将上述各试管溶液混匀后向 1 号试管内插入一支玻璃棒，3 支试管同置于 37℃ 水浴中保温 1min 左右，用玻璃棒从 1 号试管中取出 1 滴混合液，检查淀粉水解程度（方法同步骤 2）。待混合液遇碘液不变色时，从水浴中迅速取出 3 支试管，各加碘液 1 滴。摇匀观察各试管溶液的颜色并记录，分析酶的激活剂和抑制情况。

【思考题】

1. 影响酶活力的因素有哪些？
2. 这些因素如何影响酶活力？

实验11　漂烫和 pH 值对果蔬的色变影响

一、实验目的
通过果蔬加工中热烫和改变 pH 值等处理方法，初步掌握果蔬加工中护色的常用方法。

二、实验原理
新鲜绿色蔬菜等在酸性条件下加工，由于发生脱镁反应，发色体结构部分变化，绿色消失，变成褐色的脱镁叶绿素。如果在弱碱性条件下热烫则叶绿素的酯结构部分水解生成叶绿酸（盐）等，叶绿酸盐为水溶性，仍呈鲜绿色，而且比较稳定。

绿色果蔬或某些浅色果蔬，在加工过程中易引起酶促褐变，使产品颜色发暗。为保护果蔬原有色泽，往往先在弱碱性条件下进行短时间的酶钝化热烫处理，从而达到护色的目的，并采用热烫钝化酶来抑制酶的活性和隔绝氧等方法来防止和抑制酶促褐变。

三、材料、试剂和仪器用具

1. 材料、试剂
绿色青菜，紫甘薯，苹果，马铃薯。
氢氧化钠，盐酸。

2. 仪器用具
烧杯，电炉，烘箱。

四、实验方法

1. 比较不同 pH 值条件下，蔬菜热处理后的色泽变化
绿色青菜、紫甘薯洗净后各分成3份，分别编号 Ⅰ、Ⅱ、Ⅲ，在沸水中（pH 值为3、7、9的不同酸碱度条件下），各热烫 1~2min，分别捞起沥干，铺在干棉纱布上。观察不同 pH 值条件下，青菜、紫甘薯及其汤汁的颜色。

2. 温度对果蔬酶促褐变的作用
用不锈钢刀切取苹果、马铃薯各4小片，各分成2份，一份放在室温下，另一份切好后立即投入沸水中，热处理 3~5min，取出置于室温下，每 20min 观察一次，共观察4次，记录切片颜色的变化。

【思考题】
1. 生活中哪些蔬菜水果会变色？举例说明并阐述原因。
2. 常用的防止果蔬加工过程中变色的方法主要有哪些？其基本原理是什么？

实验12 猪肉肌红蛋白颜色变化影响因素分析

一、实验目的

通过感官评价分析温度、盐浓度、亚硝酸钠、高压处理对肌红蛋白稳定性的影响，了解肉的颜色反应过程及影响因素。

二、实验原理

动物体内红色素主要有肌红蛋白和血红蛋白两种，其中肌肉中以肌红蛋白为主，主要负责接收毛细血管中的氧，并将其扩散到细胞组织。肌红蛋白由球蛋白分子和血红素组成，血红素又由带6个配位键的中心铁原子组成，其中4个配位键在一个平面上，分别与一分子卟啉环上的氮原子相结合。另两个配位键在垂直于此平面的位置上，其中一个与珠蛋白的组氨酸相连，而另一个则可以和不同的配位基结合。连接在这6个配位键上的分子形式，以及铁原子的氧化还原状态决定了肉品的颜色。肌红蛋白有3种存在形式，分别是脱氧肌红蛋白（Mb，deoxymyoglobin）、氧合肌红蛋白（MbO_2，oxymyoglobin）和高铁肌红蛋白（MetMb，metmyoglobin），三者的相对含量决定了肉的色泽。作为辅基的血红素非共价地结合于肌红蛋白分子的疏水空穴中，血红素中央的 Fe^{2+} 可以结合一个氧分子，同时肌红蛋白的构象也发生了变化。通常情况下，O_2 分子与 Fe^{2+} 紧密接触能使二价亚铁离子氧化成三价铁离子，游离的亚铁血红素很容易被氧化成高铁血红素。但是在肌红蛋白分子内部的疏水环境中血红素 Fe^{2+} 则不易被氧化，当结合 O_2 时发生暂时性电子重排，氧被释放后铁仍处于亚铁态，能与另一氧分子结合，这主要是多肽微环境保护血红素铁免遭氧化。在这种情况下，肌红蛋白为氧合肌红蛋白。如被氧化成 Fe^{3+} 时为氧化肌红蛋白，进而肌肉的颜色也有一个变化过程，由鲜红色变为暗红色，再变为红褐色。这主要是由于氧合肌红蛋白为鲜红色，而氧化肌红蛋白为红褐色，当肌肉中的氧化肌红蛋白超过50%时，肌肉的颜色变为红褐色。影响高铁肌红蛋白产生的因素有以下几个方面：肌肉的贮藏温度和pH值、氧分压的大小、氧化物质的产生和宰后微生物侵染程度等。图12-1为肌红蛋白变化示意图。

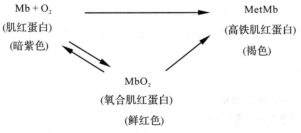

图12-1　肌红蛋白变化示意图

三、材料、试剂和仪器用具

1. 材料、试剂

新鲜猪肉,氯化钠。

2. 仪器用具

电子天平,烘箱,紫外可见分光光度计等。

四、实验方法

1. 取新鲜猪肉一块,进行颜色感官评定,每隔 2~3h 评定一次,并记录颜色(表 12-1)

表 12-1 评分标准

颜色	灰白色	淡粉红色	粉红色	深红色	紫红色	暗红色
分值	1.0	2.0	3.0	4.0	5.0	6.0

2. 氯化钠对猪肉肌红蛋白稳定性的影响

①全部肉样均为纯瘦肉,用不锈钢刀修整后,在室温下用绞肉机绞成肉糜,取定量的肉糜于室温下高速匀浆 20s,分为 3 组,每份取样量 2g 置于 100mL 的烧杯中。

②取 20mL 的 0.04mol/L、pH6.8 的磷酸钠缓冲溶液,称取相应量的氯化钠固体 0.4g、0.8g、1.2g 溶解于缓冲液中(氯化钠的含量分别为 2%、4%、6%)。依次向每组肉样中倒入溶有不同量氯化钠的磷酸钠缓冲溶液,搅拌使肉糜均匀地混合于磷酸钠缓冲溶液中,烧杯用保鲜膜封口,以减少肉糜水分挥发,快速将装有肉样的烧杯在冰水浴中放置 1h 后,置于 0~4℃ 的冰箱中保存。

③放置 3~4h 后过滤,取抽提液进行光谱扫描,分析氯化钠对于肉色稳定的影响。

3. 温度对于猪肉肌红蛋白稳定性的影响

①全部肉样均为纯瘦肉,用不锈钢刀修整后,在室温下用绞肉机绞成肉糜,取定量的肉糜于室温下高速匀浆 20s,分为 4 组,每份取样总量 2g 置于 100mL 的烧杯中。

②取 20mL 的 0.04mol/L、pH6.8 的磷酸钠缓冲溶液,依次加入每组肉样,搅拌使肉糜均匀地混合于磷酸钠缓冲液中,烧杯用保鲜膜封口,以减少肉糜水分挥发。准备水浴锅,将温度调至需要的温度(30℃、40℃、50℃ 和 60℃),将烧杯置于水浴锅中 20min,10min 后搅拌一次让肉糜受热均匀。

③过滤,取抽提液进行光谱扫描,分析温度对于肉色稳定的影响。

【思考题】

1. 为何猪肉放置过程中颜色会发生变化?
2. 常见影响猪肉颜色的因素有哪些?

加工、贮藏对食品主要成分物性的影响

实验 13　淀粉的微观结构与凝胶

一、实验目的

观察加热、酸、酶处理后，淀粉的物理特性变化；掌握淀粉的胶凝和增稠作用；研究影响淀粉糊增稠作用的因素；对比不同来源的淀粉作为增稠剂的用途。

二、实验原理

淀粉在食品中应用广泛，加热是淀粉在食品中应用时常用的处理条件，对淀粉的功能特性有重要影响，如果在酸或淀粉酶存在下加热，则淀粉结构会进一步变化，从而引起淀粉功能特性更大的变化，如淀粉颗粒松散、分子链断裂等。淀粉在食品中的主要功能是增稠和胶凝作用。淀粉溶液本身可以起到增稠作用或形成胶凝，但是食品体系其他组分的存在对淀粉的增稠或胶凝作用有很大影响。

三、材料、试剂和仪器用具

1. 材料、试剂

玉米淀粉，蜡质玉米淀粉，马铃薯淀粉，木薯淀粉，交联木薯淀粉，蔗糖，脂肪，甘油单酯，柠檬酸，耐高温淀粉糖化酶等。

碘溶液制备：称取 0.5g 碘化钾溶于 20mL 蒸馏水中，加入 1.3g 碘，溶解后加水稀释至 100mL。

2. 仪器用具

光学显微镜，可调速电力搅拌器，不锈钢温度计，质构分析仪，线性铺展仪，试管，烧杯。

四、实验方法

1. 淀粉的微观结构

①按表 13-1 配方准备好样品。

表 13-1　各样品的配方

淀粉种类	糊化温度/℃	淀粉质量/g	添加成分
玉米淀粉	95	36	530mL 水
蜡质玉米淀粉	75	36	530mL 水
玉米淀粉	95	36	530mL 水 + 0.5mol/L 柠檬酸
玉米淀粉	95	36	530mL 水 + 0.25% 淀粉糖化酶溶液

②在显微镜下，观察碘染色的玉米淀粉和蜡质玉米淀粉的载玻片，比较表13-2中不同处理条件下，玉米淀粉的物理特征并描述出淀粉颗粒的颜色、形状、大小（直链淀粉分子呈蓝色，支链淀粉呈紫红色）。按照表13-1的配方，可以使用一些未煮熟的淀粉颗粒再对比观察其物理特征。

2. 淀粉凝胶

①称取各种淀粉36g，按表13-3再加入适量水及其他成分，制备各种用于糊化测量的淀粉。

②将不同淀粉分散在盛有冷水的烧杯中。

③由室温开始对样品加热，第一分钟内每15s搅拌2次，随后每分钟搅拌2次直至到达糊化温度。观察到达糊化温度时，淀粉溶液物理状态的变化及热淀粉糊的透明度（可用透明、较透明、半透明、微透明和不透明描述）。

④将约20mL热淀粉糊倒入小烧杯，平铺约2cm厚，后冰浴冷却至20℃。观察并记录凝胶的透明度，然后用质构分析仪测定凝胶的硬度和弹性。

⑤对于每个配方的淀粉，将热的淀粉糊装入做好标记的2个塑料杯中，旋紧盖子以防止水分蒸发。一份样品冷藏1d，另一份冷冻1d。然后于室温下将冷冻的样品解冻，分别取适量第二天冷藏、冷冻的样品测定其弹性和硬度。

⑥将剩余的淀粉糊冷却至60℃，通过线性铺展仪测定淀粉糊的黏度（铺展时间2min）。

⑦数据记录于表13-3中。

五、实验记录

表13-2 淀粉颗粒的物理特征

处理	淀粉种类	颜色	形状	大小
未煮制淀粉	玉米淀粉			
	蜡质玉米淀粉			
加热到糊化温度	玉米淀粉			
	蜡质玉米淀粉			
酸处理并加热到糊化温度	玉米淀粉			
加糖化酶并加热到糊化温度	玉米淀粉			

表13-3 淀粉在不同条件下的各项指标

序号	淀粉种类	其他成分	糊化温度/℃	透明度	线性铺展/mm	弹性/硬度 当天	弹性/硬度 第二天冷藏冷冻
1	玉米淀粉	530mL H_2O	95				
2	蜡质玉米淀粉	530mL H_2O	75				
3	马铃薯淀粉	530mL H_2O	70				

(续)

序号	淀粉种类	其他成分	糊化温度/℃	透明度	线性铺展/mm	弹性/硬度 当天	第二天 冷藏 冷冻
4	木薯淀粉	530mL H_2O	85				
5	交联木薯淀粉	530mL H_2O	85				
6	玉米淀粉	530mL H_2O，75g 蔗糖	95				
7	玉米淀粉	530mL H_2O，53g 脂肪	95				
8	玉米淀粉	530mL H_2O，3.18g 甘油单酯	95				
9	玉米淀粉	530mL H_2O，0.5mol/L 柠檬酸	95				
10	玉米淀粉	530mL H_2O，0.25% 耐高温淀粉糖化酶	95				

【思考题】

1. 淀粉糊化开始前和结束后，其物理状态有何变化？
2. 哪种淀粉适合做肉汤和调味酱的增稠剂？为什么？
3. 冷藏和冷冻对淀粉糊化有什么影响？应用所学理论解释之。
4. 交联在淀粉糊对酸的耐受性方面有何作用？

实验14　脂肪的乳化能力

一、实验目的

在某些食品体系中，脂肪必须被混合并保持混合状态。脂肪吸收水的程度称为吸水能力，反映出脂肪的乳化特性，这对蛋糕、面包等食品体系的稳定性十分重要。不同脂肪的吸水能力不同，这与它们的构成有较大关系。本实验的目的就是说明商业脂类的乳化能力。

二、实验原理

脂肪具有一定的乳化作用，在脂肪－水体系中，可形成层状液晶、六方液晶、立方液晶等结构，从而稳定油水体系的稳定性。温度、其他成分、脂肪的种类和数量对脂肪的乳化能力有很大影响。

三、材料、试剂和仪器用具

1. 材料、试剂

猪油100g，氢化起酥油100g，软人造奶油100g，黄油100，蒸馏水。

2. 仪器用具

滴管，电动混合器。

四、实验方法

室温下，每种脂肪样品各取100g（如室温较低、脂肪凝固，可适当加热，但所有样品温度要控制一致），加到电动混合器的小碗中。缓慢搅打，在均一的速率下（约20mL/min）用滴管将水加到脂肪中（搅打脂肪时，应缓慢而逐步地加水），直到发生相分离为止。记录每种脂肪（100g）吸收的水的体积（mL）于表14-1中。

五、实验记录

表14-1　各种脂肪（100g）吸收水的体积

	猪油	氢化起酥油	人造奶油	软人造奶油	黄油
吸收水的体积/mL					

【思考题】

1. 以样品种类为横坐标，易吸收水分体积为纵坐标，作图。比较各脂肪样品的乳化能力。

2. 影响脂肪乳化能力的因素有哪些?
3. 脂肪的乳化能力对哪些食品体系有重要作用?
4. 脂肪具有乳化能力的机理是什么?

实验 15 脂肪的可塑性

一、实验目的

具有良好塑性的脂肪能使产品保持较稳定的物理性状或使产品体积增加，口感更好，如在乳化脂肪和蔗糖制得的蛋糕混合物中，混入的空气可使这些产品体积膨胀，并保持良好形态。脂肪吸入空气的能力与其结晶类型和大小有关（一般脂肪结晶越小，能结合的空气越多）。本实验的目的就是说明各种脂肪的塑性能力。

二、实验原理

脂肪样品在不断搅打条件下，会吸入一定量的空气，脂肪样品的塑性能力影响其吸收和保持空气的数量，塑性越强，脂肪吸收的空气就越多，产品体积膨胀率就越高。具有良好塑性的脂肪，同时含有固态和液态脂肪，且两者比例、温度等因素对塑性影响很大。

三、材料、试剂和仪器用具

1. 材料、试剂

猪油 100g，氢化起酥油 100g，人造奶油 100g，软人造奶油 100g，黄油 100g，蔗糖 750g。

2. 仪器用具

天平，电动混合器，烧杯，量筒。

四、实验方法

取不同脂肪样品（每种 100g），分别加到电动混合器的小碗中，开始搅打，并同时逐渐添加 150g 绵白糖（粒状），2min 内加完。然后再连续搅打 3min。将脂肪混合物转移至一个预先称重的烧杯（m_1）中并测量脂肪混合物的质量（m_2）。然后用同一烧杯加入与脂肪混合物同样满的水，测定质量（m_3），计算脂肪的相对密度，通过密度反应不同脂肪的塑性能力。相对密度的测量方法如下：

$$相对密度 = \frac{m_2 - m_1}{m_3 - m_1}$$

五、实验记录

实验结果记录于表 15-1 中。

表 15-1　各种脂肪的可塑性实验记录表

	猪油	氢化起酥油	人造奶油	软人造奶油	黄油
烧杯质量 m_1/g					
脂肪混合物质量 m_2/g					
水的质量 m_3/g					
脂肪的相对密度					

【思考题】

1. 以脂肪种类为横坐标，以相对密度为纵坐标，作图。比较不同脂肪的塑性。
2. 为什么脂肪的塑性能力很重要？
3. 脂肪塑性的影响因素有哪些？
4. 实验所用脂肪塑性差异的原因是什么？

实验16　温度、食品其他成分对蛋白质起泡性的影响

一、实验目的

比较几种蛋白质的起泡能力；研究蛋白质泡沫形成和稳定机理；了解其他化学物质、温度等因素对蛋白质泡沫分散系的影响。

二、实验原理

蛋白质分散系（习惯称之为溶液）通过高速搅拌处理，引入空气而产生泡沫，形成泡沫体系。不同蛋白质的发泡能力、泡沫稳定性不同，环境条件如温度、其他物质等对泡沫体系的稳定性也有影响。通过观察不同条件下不同蛋白质泡沫体系形成、破裂情况，可以评价不同蛋白质的发泡能力、泡沫稳定性。

三、材料、试剂和仪器用具

1. 材料、试剂

常见食品蛋白：蛋清蛋白，大豆蛋白，乳清蛋白浓缩物，酪蛋白酸钠，糖，玉米淀粉，油脂等其他材料。

2. 仪器用具

电子搅拌器或 Sorvall Omni-Mixer，250mL 烧杯 8 个，100mL 量筒 8 个，恒温水浴等。

四、实验方法

1. 制备蛋白质分散系

用蒸馏水分别制备下列分散系各 100mL：

a. 0.5% 酪蛋白酸钠；
b. 0.5% 浓缩乳清蛋白；
c. 0.5% 蛋清蛋白；
d. 0.5% 大豆蛋白；
e. 0.5% 大豆蛋白 + 0.5% 玉米淀粉；
f. 0.5% 大豆蛋白 + 0.5% 蔗糖；
g. 0.5% 大豆蛋白 + 0.5% 植物油；
h. 0.5% 大豆蛋白 + 0.5% 氯化钠。

2. 泡沫分散系稳定性评价

①取 50mL 上述分散系 a 于 Sorvall Omni-Mixer 或搅拌器的样品杯中，Sorvall Omni-Mixer 用速度 5 或搅拌器用中速搅拌 30s，再移入 100mL 量筒内。剩余的分散系 a

重复上述操作,得到两组分散样品。

分散系 b~h 的操作方法同分散系 a。最后得到两组 a~h 的搅拌分散系。

②所得到的两组 a~h 搅拌分散系,一组放于室温下,一组置于40℃水浴中。

③分别在搅拌后的 0min、5min、30min 测定泡沫体积。所得结果记录在表 16-1 和表 16-2 中。

五、实验记录

表 16-1　室温下泡沫分散系的稳定性

分散系	测定体积/mL			体积损失/mL	
	0min	5min	30min	ΔV_1	ΔV_2
a					
b					
c					
d					
e					
f					
g					
h					

结论1:

表 16-2　40℃下泡沫分散系的稳定性

分散系	测定体积/mL			体积损失/mL	
	0min	5min	30min	ΔV_1	ΔV_2
a					
b					
c					
d					
e					
f					
g					
h					

结论2:

其中,　$\Delta V_1 = V_{0min} - V_{5min}$　　　$\Delta V_2 = V_{0min} - V_{30min}$

【思考题】

1. 按下列要求对比泡沫的体积和稳定性：
   a. 蛋白性质；b. 蛋白成分类型；c. 温度。
2. 玉米淀粉、蔗糖、植物油、氯化钠对蛋白质起泡性有什么影响？
3. 简述蛋白质的起泡性在食品加工中所起的作用。

实验17　pH值、蔗糖浓度等对蛋白质凝胶作用的影响

一、实验目的

明胶是来源于胶原的蛋白质，常用作胶凝剂，在普通水中即可发生胶凝。但是食品体系非常复杂，有许多其他成分如盐、糖及酸等，这些成分对凝胶形成和凝胶强度有很大影响。本实验将观察pH、蔗糖等对明胶蛋白质凝胶作用的影响。

二、实验原理

明胶具有特殊的氨基酸组成，甘氨酸或丙氨酸占1/3左右，酸性或碱性氨基酸占将近1/4，脯氨酸和羟脯氨酸约占1/4，因此，明胶具有良好的胶凝作用。pH、蔗糖浓度能影响明胶分子间及明胶分子与水分子间的相互作用，因而影响明胶凝胶的物理特性。

三、材料、试剂和仪器用具

1. 材料、试剂

明胶200g，6mol/L盐酸溶液，2mol/L氢氧化钠溶液，蔗糖70g。

2. 仪器用具

质构分析仪，秒表，2mL和5mL移液管，试管架，烧杯等。

四、实验方法

1. 明胶溶液制备

（1）pH值的影响　将37.5g明胶分散于冷的去离子水中，再添加煮沸的去离子水制备2 000g溶胶。将其分成5等份，用氢氧化钠或盐酸溶液调节5个样品的pH值，分别为1、5、6、7和12。在样品未冷却前，稀释至500mL，最终明胶浓度为1.5%。

（2）蔗糖的影响　将4份7.5g明胶分别与0g、8.6g、17.1g、34.2g蔗糖混合均匀，分别加入冷的去离子水中，然后添加煮沸的去离子水制成500g溶胶，得到4份明胶溶液，其中明胶浓度为1.5%，蔗糖浓度分别为0mol/L、0.05mol/L、0.1mol/L、0.2mol/L。

2. 实验步骤

①溶胶制备好后，立即倒入耐热玻璃杯中，直至液面高度距离杯口1cm，然后将其放入冰箱或冰浴中冷却。用质构分析仪检测凝胶的硬度，观察凝胶的透明度。

②向试管中倒入10mL的各种溶胶并将其放在试管架上，放入10℃的水浴中。测定成胶时间，从溶胶温度60℃时开始计时，到试管中不再有液体流动为止。凝胶形成后将试管取出倒放在试管架上，下面垫着纸巾，室温下测定其液化时间（当试管内容物到达纸巾为止）。

③准备充分多的溶胶，用秒表测定60℃下，每种溶胶从2mL或5mL移液管（对所有溶胶采用相同的移液管）中流出的时间，重复测定。

五、实验记录

根据实验记录结果，绘制下列曲线：①pH-溶胶流动时间；②pH-凝胶形成时间；③pH-液化时间；④pH-凝胶强度；⑤蔗糖浓度-溶胶流动时间；⑥蔗糖浓度-溶胶形成时间；⑦蔗糖浓度-液化时间；⑧蔗糖浓度-凝胶强度。

【思考题】

1. 蛋白质等电点与其黏度之间的关系如何？
2. pH值和蔗糖浓度对明胶溶胶和凝胶有什么影响？作用机理是什么？
3. 以明胶作为甜点的凝胶剂，制备时如何减少制备时间？为什么？

实验18　pH值、磷酸盐对肌肉蛋白质水合能力的影响作用

一、实验目的
肉的水合能力是影响肉制品品质的重要因素。肉的保水能力取决于许多因素，如pH值、加热、冷冻、食品添加剂等。本实验将观察pH值和磷酸盐对肌原纤维蛋白质水合能力的影响。

二、实验原理
蛋白质的水合性质是蛋白质发挥其他功能性质的基础，也是影响肉制品感官品质的重要因素。蛋白质的水合性质是蛋白质分子与水分子之间、蛋白质分子之间相互作用平衡的结果。蛋白质在不同pH值、盐等因素影响下，其结构发生一定程度的变化，引起水合能力的变化。如果结构伸展，暴露出藏在分子内部的极性基团，则蛋白质的水合能力将会提高。

三、材料、试剂和仪器用具

1. 材料、试剂
牛肉25g，6mol/L 盐酸（HCl），2mol/L 氢氧化钠（NaOH），磷酸二氢钠（NaH_2PO_4），偏磷酸钠[$(NaPO_3)_{13}$]，磷酸氢钠（Na_2HPO_4），三聚磷酸钾（$K_5P_3O_{10}$）。

2. 仪器用具
pH计，离心机，塑料离心管，Sorvall匀浆机，天平，烧杯。

四、实验方法

1. pH值对肉蛋白质水合能力的影响
①取6支50mL塑料离心管，标记并称重。
②准确称取3g充分搅碎的肉样分别放入6支离心管中，向离心管中加入15mL蒸馏水，用Sorvall匀浆机快速均质。
③用NaOH或HCl调每支离心管的pH值至下列数值：
1号管：pH4.0；2号管：pH4.5；3号管：pH5.0；4号管：pH5.5；5号管：pH6.0；6号管：pH7.0。
④10min后再次测定每支离心管的pH值。
⑤再过5min后，以2 000r/min速度离心10min。然后将离心管取出，小心倒出上清液，弃去。准确称取肌原纤维蛋白沉淀的质量。

2. 磷酸盐对蛋白质水合能力的影响
①取5个100mL烧杯，分别放入20g充分搅碎的肉样，并标号。

②将 1~4 号样品分别加入 200mg NaCl 并充分搅拌，然后分别在 1~4 号样品中加入 60mg 的 NaH_2PO_4、$(NaPO_3)_{13}$、Na_2HPO_4、$K_5P_3O_{10}$，5 号样作为空白对照。

③将所有样品置于 -18℃ 冰箱保存 2h 后，取出分别称重，然后在室温下解冻。

④解冻后，用滤纸吸干上述样品的水分，然后称重。水分损失用下式计算：

$$水分损失(\%) = \frac{解冻前样品质量 - 解冻后样品质量}{解冻前样品质量} \times 100$$

五、实验记录

1. pH 值对蛋白质水合能力的影响

实验结果记录于表 18-1 中。

表 18-1　pH 对肌肉纤维蛋白水合能力的影响

编号	pH 值	10min 后 pH 值	沉淀重量/g
1	4.0		
2	4.5		
3	5.0		
4	5.5		
5	6.0		
6	7.0		

2. 磷酸盐对蛋白质水合能力的影响

实验结果记录于表 18-2 中。

表 18-2　磷酸盐对肌肉纤维蛋白水合能力的影响

编号	解冻前样品质量/g	解冻后样品质量/g	水分损失/%
1			
2			
3			
4			
5			

【思考题】

1. pH 值对蛋白质的质量有什么影响？
2. pH 值对蛋白质质量的影响与蛋白质的水合能力有什么关系？
3. 解释 pH 值对蛋白质水合能力影响的机理。
4. 不同磷酸盐对水合能力有什么影响？
5. 解释磷酸盐对蛋白质水合能力影响的机理。

实验 19　面筋的制备

一、实验目的
为使烘焙食品具有期望的质构，小麦粉必须能在烘焙时产生一定的韧性和弹性的网状结构，而产品出炉后也具有合适的强度。由面粉制得的面筋蛋白对烘焙过程中面团或面糊具备的弹性和烘焙后所具备的半刚性结构贡献较大。本实验的目的是举例说明其他成分对面筋形成的影响。

二、实验原理
面粉与水混合后，面粉中的麦谷蛋白和麦醇溶蛋白结合形成面筋，面筋的作用是为烘焙食品提供结构和包裹烘焙时产生的气体。然而，很多面糊和面团不单单是面粉和水的混合物，其他的成分（如糖、盐、油、乳化剂和面粉改良剂等）都会对搅拌和揉捏过程中形成的面筋的量产生影响，从而影响烘焙食品的最终质构。

三、材料、试剂和仪器用具
1. 材料、试剂
全麦粉 50g，面包粉 50g，通用粉 50g，糖 25g，植物油 10mL，盐 1g，纱布，碘化钾-碘溶液 5mL，甘油单酯 100mg，硬质酰乳酸钠（SSL）100mg。

2. 仪器用具
天平，烤箱。

四、实验方法
①将面粉与所加其他成分按表 19-1 配方充分混匀，加水搅拌，制成可用手揉捏的生面团。

②用手揉面团 10~15min，直到面筋较好地形成。

③将面团放入两层纱布做成的袋中，并置于流动水下洗涤，直到洗面团的水澄清。在烧杯中滴加碘化钾-碘溶液检查烧杯中水的澄清度，到无蓝色出现时洗涤完成（需 30min 或更长时间）。处理全麦粉时，要先将其中的麦糠除去再放入纱布中冲洗。

④洗完的面团就是面筋，进行称重，注意观察它的黏弹性。

⑤将面筋制成小球状，放入 230℃ 烤箱中烘烤 15min，降低温度到 150℃，再烘烤 20min 或直到干燥。烘烤时烤箱应关闭。所有放进同一烤箱的面筋球应该放在同一个盘子上，间距至少 15cm，并同时放入烤箱。观察烘焙后面筋球的尺寸。

表 19-1 制备面团的配方

样品号	面粉/50g	添加的成分	水的体积/mL	样品号	面粉/50g	添加的成分	水的体积/mL
1	全麦粉	-	30	5	通用粉	10mL 油	20
2	面包粉	-	30	6	通用粉	0.025g 甘油单酯	30
3	通用粉	-	30	7	通用粉	0.025g SSL	30
4	通用粉	25g 糖	30	8	通用粉	0.5g 氯化钠	30

五、实验记录

不同面团的参数记录于表 19-2 中。

表 19-2 不同面团的参数

	1号	2号	3号	4号	5号	6号	7号	8号
面团质量/g								
面团的黏弹性								
烘焙后面筋球直径/cm								

【思考题】

1. 烘焙后，以面筋质量为纵坐标，样品类别为横坐标，绘制曲线，比对各样品区别。
2. 洗涤面团的水中什么物质与碘结合变蓝？如果将洗面筋的水煮沸会发生什么现象？
3. 不同配方中，影响面筋形成的因素是什么？

实验 20　高甲氧基果胶酯化度的测定

一、实验目的

果胶因有良好的增稠、胶凝作用，国内外已经广泛用于食品、医药等许多行业。通常根据果胶分子链中半乳糖醛酸甲酯化比例的高低，将果胶划分为低酯果胶（甲氧基含量小于7%）和高酯果胶（甲氧基含量大于7%）。由于两类果胶分子结构上的差异，其果胶的性质、凝胶机理差异很大，因此具体使用方法也不一样。本实验的目的是掌握高甲氧基果胶酯化度的测定方法。

二、实验原理

高甲氧基果胶中一半以上的羧基发生甲酯化（以—$COOCH_3$形式存在），剩余羧基以游离酸（—COOH）及盐（—COO^-Na^+）形式存在。首先将盐形式的—COO^-Na^+转换成游离羧基，用碱溶液滴定计算出果胶中游离羧基的含量，即为果胶的原始滴定度。然后加入过量浓碱将果胶皂化，将果胶分子中的—$COOCH_3$转换成—COOH，再加入等物质的量的酸中和所加的浓碱，再用碱液滴定新转换生成的—COOH，可测得甲酯化的羧基的量。由游离羧基及甲酯化羧基的量可计算果胶的酯化度。

三、材料、试剂和仪器用具

1. 材料、试剂

60% 异丙醇，5mL 浓盐酸与 100mL 60% 异丙醇混合，无水乙醇，0.02mol/L 和 0.5mol/L 氢氧化钠标准溶液，0.5mol/L 盐酸标准溶液，1%酚酞乙醇溶液，硝酸银溶液。

2. 仪器用具

天平，锥形瓶，滴定管，烧杯，砂芯漏斗，烘箱。

四、实验方法

①准确称取 0.500g 高甲氧基果胶于烧杯中，加入一定量的混合试剂，搅拌 10min，移入砂芯漏斗中，用混合试剂洗涤，每次 15mL 左右，续以 60% 异丙醇洗涤样品，至滤液不含氯化物（可用硝酸银溶液检验）为止。最后，用 20mL 60% 异丙醇洗涤，移入 105℃烘箱中干燥 1h，冷却后称重。

②称取 1/10 经冷却的样品，移入 250mL 锥形瓶中，用 2mL 乙醇润湿，加入 100mL 不含二氧化碳的水，用瓶塞塞紧，不断转动，使样品溶解。加入 2 滴酚酞指示剂，用 0.02mol/L 氢氧化钠标准溶液滴定，记录所消耗氢氧化钠的体积（V_1），即为原始滴定度。

③继续加入 20.00mL 0.5mmol/L 的 NaOH 标准溶液，加塞后强烈振摇 15min，加入等物质的量的 0.5mol/L 的 HCl 标准溶液，充分振荡。然后加入 2 滴酚酞指示剂，用 0.02mol/L NaOH 溶液滴定至微红色。记录消耗的 NaOH 溶液的体积（V_2），即为皂化滴定度。

④高甲氧基果胶的酯化度按下式计算：

$$高甲氧基果胶的酯化度(\%) = \frac{V_2}{V_1 + V_2} \times 100$$

式中：V_1——样品溶液的原始滴定度，mL；

V_2——样品溶液的皂化滴定度，mL。

五、实验记录

实验结果记录于表 20-1 中。

表 20-1 实验记录表

样品号	原始滴定度	皂化滴定度
1		
2		

【思考题】

1. 高甲氧基果胶的结构及凝胶机理是什么？
2. 高甲氧基果胶与低甲氧基果胶在结构上有什么区别？用途和凝胶机理上有什么区别？

加工、贮藏中引起气味变化的化学基础

实验21　热加工方式制备烘焙糕点

一、实验目的
掌握蛋糕的制作原理、工艺流程和制作方法；掌握热加工方式对烘焙糕点品质的影响。

二、实验原理
本次实验制作海绵蛋糕。海绵蛋糕是利用蛋白的起泡性能，使蛋液中充入大量的空气，加入面粉烘烤而成的一类膨松点心。因为其结构类似于多孔的海绵而得名。国外又称为泡沫蛋糕，国内也称为清蛋糕(plain cake)。

海绵蛋糕的制作原理是利用蛋白的发泡性，在蛋糕制作过程中，通过高速搅拌使其中的球蛋白降低了表面张力，增加了蛋白的黏度，因黏度大的成分有助于泡沫初期的形成，使之快速地打入空气，形成泡沫。蛋白中的球蛋白和其他蛋白受搅拌的机械作用产生了轻度变性，变性的蛋白质分子可以凝结成一层膜，形成十分牢固的薄膜将混入的空气包围起来；同时，由于表面张力的作用使得蛋白泡沫收缩变成球形，加上蛋白胶体具有黏度和加入的面粉原料附着在蛋白泡沫周围，使泡沫变得稳定，能保持住混入的气体，加热过程中泡沫内的气体又受热膨胀，使制品疏松多孔并具有一定的弹性和韧性。刚开始气泡较大而透明，并呈流动状态，空气泡受高速搅打后不断分散，形成越来越多的小气泡，蛋液变成乳白色细密泡沫，并呈不流动状态。气泡越多越细密，制作的蛋糕体积越大，组织越细致，结构越疏松柔软。

三、材料、试剂和仪器用具

1. 材料、试剂
实验用材料、试剂见表21-1。

表21-1　实验材料、试剂配方

原材料	海绵蛋糕用量/g	原材料	海绵蛋糕用量/g
面　粉	100	香甜泡打粉	1~2
鸡　蛋	125	蛋糕油	3~6
白　糖	100	水	25

2. 仪器用具
烤箱，打蛋机，烤盘式模具。

四、实验方法

1. 打蛋

首先将蛋液、糖混合，使糖粒溶化，然后加入蛋糕油，置于打蛋机中高速搅拌，使空气充入蛋液，形成稳定的泡沫状黏稠胶体。打发的程度比原容积增加约 2~3 倍，打蛋速度和时间根据蛋的品质和温度而异。蛋的黏度低、气温高，则转速快些、时间短些；反之时间长些，无论机器或人工打蛋，都要顺着一个方向搅打。

2. 加水搅打

加入水搅打 10~15s 即可。

3. 搅拌

将面粉过筛后加入，搅打 30~60s，分布均匀即可，面糊理想温度为 25℃ 左右。

4. 注模

将蛋糕糊注入已干热并刷过油的烤盘或模具内，注入盘或模具内 2/3 即可。

5. 烘焙

采用先低温后高温的烘焙方法，炉温 180~220℃，烤 12~15min 即可，不同炉温烘烤不同时间，分析不同烘焙温度和时间对蛋糕品质的影响。

6. 冷却

【思考题】

1. 蛋糕制作原理是什么？
2. 打蛋时应注意哪些问题？
3. 蛋糖搅打法为什么要最后加面粉？

实验 22　抗氧化剂对油脂氧化酸败的影响

一、实验目的

掌握油脂氧化酸败的机理；学会油脂氧化酸败过氧化值的测定。

二、实验原理

食品中含有油脂，油脂在空气中易氧化生成过氧化物，过氧化物导致油脂氧化、酸败；这些过氧化物在酸性条件下可将碘离子氧化成碘，碘量可用标准硫代硫酸钠溶液来滴定。其反应方程式如下：

$$R-CH=CH-\underset{\underset{OOH}{|}}{CH}-CH_2-R' + 2KI + 2H^+ \longrightarrow R-CH=CH-\underset{\underset{OH}{|}}{CH}-CH_2-R' + I_2 + H_2O + 2K^+$$

$$I_2 + 2Na_2S_2O_3 \longrightarrow Na_2S_4O_6 + 2NaI$$

三、材料、试剂和仪器用具

1. 材料、试剂

（1）材料　棕榈油，花生油，菜籽油。

（2）抗氧化剂　BHA，BHT，TB-HQ。

（3）饱和碘化钾溶液　称取约14g碘化钾，加10mL水溶解，必要时微热使其溶解，冷却后贮于棕色瓶中。

（4）三氯甲烷-冰乙酸混合液　量取40mL三氯甲烷，加60mL冰乙酸，混匀。

（5）硫代硫酸钠标准滴定溶液　$[c(Na_2S_2O_3) = 0.002\ 0\text{mol/L}]$。

（6）淀粉指示剂（10g/L）　称取可溶性淀粉50g，加少许水，调成糊状，倒入50mL沸水中调匀，煮沸。临用时现配。

2. 仪器用具

隔水式电热恒温培养箱，容量瓶，烧杯，分析天平。

四、实验方法

1. 试样制备

三组实验油脂（棕榈油、花生油、菜籽油）中分别添加100 mg/kg的BHA、BHT、TB-HQ的不同抗氧化剂，并与空白对照样一并置于(63 ± 2)℃的隔水式电热恒温培养箱中进行强制氧化1~7d，每天取样测定其过氧化值。

2. 过氧化值的测定

称取2.00g试样，置于250mL碘瓶中，加30mL三氯甲烷-冰乙酸混合液，使试样完全溶解。加入1mL饱和碘化钾溶液，紧密塞好瓶盖，并轻轻振摇0.5min，然后在暗处放置3min。取出加100mL水，摇匀，立即用硫代硫酸钠标准滴定溶液(0.002 0 mol/L)滴定，至淡黄色时，加1mL淀粉指示液，继续滴定至蓝色消失为终点，取相同量三氯甲烷-冰乙酸溶液、碘化钾溶液、水，按同一方法，做试剂空白试验。

3. 计算

$$X_1 = \frac{(V_1 - V_0)c \times 0.126\ 9}{m} \times 100$$

式中：X_1——样品的过氧化值，POV值，g/100g；

V_1——样品消耗$Na_2S_2O_3$标准溶液的体积，mL；

V_0——试剂空白消耗$Na_2S_2O_3$标准溶液的体积，mL；

c——$Na_2S_2O_3$标准溶液的摩尔浓度，mol/L；

0.126 9——与1.00mL $Na_2S_2O_3$标准溶液[$c(Na_2S_2O_3) = 1.000$mol/L]相当的碘的质量，g；

m——样品质量，g。

五、实验记录

实验结果记录于表22-1中。

表22-1 实验记录表

样品	BHA	BHT	TB-HQ	空白
棕榈油				
花生油				
菜籽油				

【思考题】

1. 油脂氧化酸败的机理是什么？
2. 抗氧化剂防止油脂氧化酸败的原理是什么？

实验 23　氨基酸种类对美拉德反应风味和颜色的影响

一、实验目的
了解和掌握美拉德反应基本原理；掌握不同氨基酸种类对美拉德反应风味和颜色的影响。

二、实验原理
美拉德反应(即羰氨反应)影响食品体系的色泽和气味。不同氨基酸由于分子结构有差异，与还原糖反应时所得的风味物质种类和含量有所不同，类黑精色素的种类和含量也不相同，导致反应后各氨基酸所产生的风味和颜色各不相同，这也是利用美拉德反应调节食品色、香的重要基础。

三、材料、试剂和仪器用具
1. 材料、试剂
D-葡萄糖，L-天门冬氨酸，L-赖氨酸，L-苯丙氨酸，L-甲硫氨酸，L-脯氨酸，L-精氨酸，L-亮氨酸。

2. 仪器用具
电子天平，恒温油浴锅，锡箔纸。

四、实验方法
1. 向 7 支装有 50mg 葡萄糖的试管中添加 7 种不同的氨基酸(各管中添加量为 50mg)，再加入 0.5mL 水，充分混匀。
2. 嗅闻每支试管，描述其风味并记录感官现象。
3. 用铝箔纸将每支试管盖起来，放入 110~120℃ 油浴中，加热 45min，然后冷却到室温，记录每支试管的气味(如巧克力味、马铃薯味、爆米花味等)。记录颜色：0 = 无色，1 = 亮黄色，2 = 深黄色，3 = 褐色。

五、实验记录
实验观察结果记录于表 23-1 中。

表 23-1　实验记录表

氨基酸种类	加热前		加热后	
	颜色	气味	颜色	气味
L-天门冬氨酸				
L-赖氨酸				
L-精氨酸				
L-苯丙氨酸				
L-甲硫氨酸				
L-亮氨酸				
L-脯氨酸				

【思考题】

1. 导致食品体系发生褐变的常见因素有哪些？
2. 从美拉德反应的机理考虑为何不同氨基酸反应产生的风味物质不同？

参考文献

GB 5009.37—2003　食用植物油卫生标准的分析方法[S].

何国庆，丁立孝. 2006. 食品酶学[M]. 北京：化学工业出版社.

黄晓钰，刘邻渭. 2002. 食品化学综合实验[M]. 北京：中国农业大学出版社.

阚建全. 2008. 食品化学[M]. 2版. 北京：中国农业大学出版社.

马美湖，葛长荣，罗欣，等. 2003. 动物性食品加工学[M]. 北京：中国轻工业出版社.

任玉林，李华，邴贵德，等. 1995. 天然食用色素——花色苷[J]. 食品科学，16(7)：22-27.

王延平，赵谋铭，张羽航，等. 1999. 不同抗氧化剂对油脂抗氧化性能影响的研究[J]. 中国油脂，24(3)：37-39.

吴惠玲，王志强，韩春，等. 2010. 影响美拉德反应的几种因素研究[J]. 现代食品科技，26(05)：441-444.

杨瑞金，张文斌. 2009. 食品化学实验指导[M]. 2版. 北京：中国轻工业出版社.

杨永清，赵芳，来燕. 2010. 生日蛋糕的制作工艺研究[J]. 邯郸职业技术学院学报，23(04)：55-58.

尤新. 2004. 氨基酸和糖类的美拉德反应——开发新型风味剂和食品抗氧剂的新途径[J]. 食品工业科技，25(7)：138-139.

BELITZ H D, GROSCH W, SCHIEBERLE P. 2009. Food Chemistry[M]. 4nd ed. Heidelberg：Springer-Verlag Berlin Heidelberg.

CONNIE M. W, JAMES R. D. 2003. The Food Chemistry Laboratory：A Manual for Experimental Foods, Dietetics, and Food Scientists[M]. 2nd edition. Florida：CRC Press.

FENNEMA O R. 1996. Food Chemistry[M]. 3nd ed. New York：Marcel Dekker Inc.

第3篇
探索性综合实验

实验 24　热烫处理对过氧化物酶活力以及对色泽、维生素 C 保存的影响

一、实验目的

检验热烫处理对食品中过氧化物酶活力及对色泽、维生素 C 保存的影响，并掌握色素、维生素 C 与过氧化物酶活性的测定方法。

二、实验原理

热烫就是将果蔬原料置入热水或蒸汽中进行短时间的热处理。热烫处理的首要目标是钝化食品中特定的酶，通过热烫，酶蛋白受热凝固变性，酶的活性钝化或丧失，阻止了酶对蔬菜中有效成分的破坏。

热烫可以改变果蔬原料的色泽，通过排除组织内所含的空气，使组织变得透明，颜色更加鲜艳；通过加速色素转化或氧化等，破坏其原有颜色。同时，热烫处理也会使一部分可溶性营养物质损失严重，如维生素 C(Vc) 等。一般说来，温度越高热烫所需的时间越短，维生素 C 等营养物质损失越少。

三、实验设计

(1) 热烫温度对过氧化物酶活力、色泽及维生素 C 保存的影响　将样品在 80℃、85℃、90℃、95℃、100℃水浴中加热 2min 后，以未处理的样品为对照，测定样品中过氧化物酶活力、色泽及维生素 C 含量，观察过氧化物酶活力、色泽及维生素 C 含量的变化规律，从而了解热烫温度对过氧化物酶活力、色泽及维生素 C 保存的影响。

(2) 热烫时间对过氧化物酶活力、色泽及维生素 C 保存的影响　将样品在 90℃水浴中加热 1min、2min、3min、4min、5min 后，以未处理的样品为对照，测定样品中过氧化物酶活力、色泽及维生素 C 含量，观察过氧化物酶活力、色泽及维生素 C 含量的变化规律，从而了解热烫时间对过氧化物酶活力、色泽及维生素 C 保存的影响。

四、材料、试剂和仪器用具

1. 材料、试剂

新鲜水果或蔬菜。

交联聚乙烯吡咯烷酮(PVPP)，0.2mol/L pH 6.5 的磷酸缓冲液，1% 愈创木酚，1.5% 过氧化氢，2% 草酸，1% 草酸，0.1% 2,6-二氯酚靛酚，1mg/mL 标准抗坏血酸溶液。

2. 仪器用具

恒温水浴锅，微量滴定装置，研钵，pH 计，紫外分光光度计，Hunter Lab 色差仪，九阳打浆机，高速冷冻离心机。

五、实验方法

1. 过氧化物酶的测定

(1) 粗酶液的提取 将 20mL 提取液(0.2 mol/L, pH 6.5 的磷酸缓冲液)、0.8g PVPP 加到 20g 样品匀浆中,于4℃下放置 1 h, 12 000 r/min、4℃下离心 15min,收集上清液,用于酶活的测定。

(2) 酶活测定 过氧化物酶(POD)活性的测定采用分光光度法,反应底物为 1% 的愈创木酚溶液、1.5% 的过氧化氢溶液。取 2mL 底物,加入 0.2mL 过氧化氢,加入 0.8mL 提取的粗酶液,立即在 470 nm 处测定吸光值,绘制其随时间的变化曲线,曲线直线部分的斜率即为酶活。实验结果以残存酶活计,通过以下公式计算:

$$残存酶活(\%) = \frac{热烫处理后 POD 活性}{热烫处理前 POD 活性} \times 100$$

2. 色泽的测定

色泽的测定采用 Hunter Lab 色差仪进行检测,参数设定如下:反射口为最小型号反射口,仪器模式为包括镜面反射,观察面积设置为 4.826mm^2。采用亨特均匀表色系 $L^*a^*b^*$,L^* 称为明度指数,L^* 为 0 表示黑色,L^* 为 100 表示白色;a^*、b^* 代表直角坐标系的两个方向,a^* 值为正值时越大,表示样品越接近纯红色,a^* 为 0 时为灰色,a^* 为负值时越小,颜色越接近纯绿色;b^* 为正值时值越大,颜色越接近纯黄色,b^* 为 0 时为灰色,b^* 为负值时越小,颜色越接近纯蓝色。利用 $L^*a^*b^*$ 表色系还可以表示色调之间的差异,即色差,用 ΔE 表示,表示所测样品与未热烫处理之间的色差值,其公式为:

$$\Delta E = \sqrt{(L-L^*)^2 + (a-a^*)^2 + (b-b^*)^2}$$

每次测量颜色均随机选择 20 个果蔬样品,用电子眼依次测量一次,已经测量过的样品不能再次测量。电子眼测量后,即可显示出 $L^*a^*b^*$ 值,ΔE 值由上述公式计算出。

3. 维生素 C 的测定

(1) 样液制备 称取水果(或蔬菜)5g,加少量 2% 草酸用研钵磨成浆,将浆状物倒入 50mL 容量瓶中,用 2% 草酸溶液稀释并定容,混匀,静置 10min,过滤(最初几毫升滤液弃去),滤液备用。

(2) 标准液滴定 准确吸取标准抗坏血酸(维生素 C)溶液 1mL 置 100mL 锥形瓶中,加 9mL 1% 草酸,用微量滴定管以 0.1% 2, 6-二氯酚靛酚溶液滴定至淡红色,并保持 15s 不褪色,即达终点。由所用染料的体积计算出 T 值(平均值),即 1mL 染料相当于多少毫克的 Vc。取 10mL 1% 草酸做空白对照,按以上方法滴定。

(3) 样液滴定 准确吸取已制备的样品滤液各 3 份,每份 10mL 分别放入两个 100mL 锥形瓶内,滴定方法同前。另取 10mL 1% 草酸做空白对照滴定。记下所消耗的体积。

(4) 维生素 C 的计算

$$维生素 C 含量(mg/100g 样品) = \frac{(V_1 - V_0)CT}{DW} \times 100$$

式中：V_1——滴定样品所耗用的染料的平均体积，mL；
V_0——滴定空白对照所耗用的染料的平均体积，mL；
C——样品提取液的总体积，mL；
D——滴定时所取的样品提取液体积，mL；
T——1 mL 染料能氧化抗坏血酸的质量（由标准液滴定步骤计算出），mg；
W——待测样品的质量，g。

六、实验记录

将上述测定的实验结果，记录于表 24-1 和表 24-2 中，并作图观察。

表 24-1　不同热烫温度对过氧化物酶、色泽与维生素 C 的影响

温度/℃	过氧化物酶残存酶活/%	色泽			维生素 C/(mg/100g)
		L	a	b	
对照					
80					
85					
90					
95					
100					

表 24-2　不同热烫时间对过氧化物酶、色泽与维生素 C 的影响

时间	过氧化物酶残存酶活/%	色泽			维生素 C/(mg/100g)
		L	a	b	
对照					
10 s					
30 s					
1 min					
2 min					
3 min					
4 min					
5 min					

七、实验心得

简述在实验过程中观察的现象与体会，同时对过氧化物酶、色泽及维生素 C 的测定方法有何改进建议或替代的方法？检测限如何？

本实验为探索性综合实验，实验设计中影响因素、参数及测定方法与条件等，均可根据所查阅相关文献进行调整，以期增加实验的准确性与验证性。

【思考题】
1. 热烫处理对食品的哪些品质还会产生影响?
2. 哪些因素还会影响食品的热烫效果?

实验 25　玉米淀粉的糖化程度对其甜度、黏度的影响

一、实验目的

了解淀粉的糖化过程；查糖化程度对其甜度、黏度的影响；学习使用旋转式黏度计；掌握黏度的测定方法；学习甜度的感官测定方法。

二、实验原理

淀粉的糖化程度，即 DE 值，是指还原糖(以葡萄糖计)占糖浆干物质的百分比。国家标准中，DE 值越高，葡萄糖浆的级别越高。

玉米淀粉酶法制糖浆工艺过程中，液化与糖化是两个关键步骤。玉米淀粉糖化程度直接受糖化工艺的影响，在固定酶用量的基础上，糖化的温度与时间是糖化程度(DE 值)的关键影响因素，并最终影响其制成糖浆的甜度与黏度。

三、实验设计

玉米淀粉糖化程度受糖化温度与时间影响很大，通过改变糖化温度与时间可改变玉米淀粉的糖化程度，糖化程度的不同也会影响玉米淀粉的甜度与黏度。本实验在固定糖化酶用量(1%)的基础上，通过选择不同糖化温度(50℃、55℃、60℃、65℃、70℃)及不同糖化时间(0h、5h、10h、15h)来改变玉米淀粉糖浆的 DE 值。同时，考查不同 DE 值玉米淀粉糖浆对其甜度与黏度的影响。

四、材料、试剂和仪器用具

1. 材料、试剂

玉米淀粉。

α-淀粉酶(酶活力 6 000 单位/g)，糖化酶(酶活力为 4 万 ~ 5 万单位/g)，10% 蔗糖，1% 麸皮，2% 盐酸溶液，2% 氢氧化钠溶液，0.2% 氯化钙溶液，10g/L 次甲基蓝指示液，2g/L 葡萄糖标准溶液，碘液，费林试剂(硫酸铜、亚甲基蓝、酒石酸钾钠、氢氧化钠、亚铁氰化钾等，按 GB/T 603—2002 配制)。

2. 仪器用具

分析天平，恒温水浴锅，电炉，pH 计，糖度计，旋转黏度计等。

五、实验方法

1. 不同 DE 值淀粉糖浆的制备

100g 玉米淀粉置于 500mL 锥形瓶中，加水 300mL，搅拌均匀，浸泡 15min，使玉米淀粉充分吸水，配成淀粉浆；于 95℃ 水浴上加热，并不断搅拌，使淀粉浆由开始糊化

到完全成糊(>10min),呈透明状。冷却淀粉糊至85℃以下,用2%盐酸溶液与2%氢氧化钠溶液调pH值到6.0左右,添加0.2%液化型α-淀粉酶(先溶于蒸馏水中,再倒入糊化的淀粉中)与0.2% 氯化钙溶液(作为酶的激活剂),使温度保持在80℃(水浴摇床),先液化30min,然后把玉米淀粉液化液煮沸10min,再冷却到85℃以下,再加入0.3% α-淀粉酶液化30min,碘液检验不变色,证明液化完全。搅拌20min使其充分液化。液化完全后,将液化样液煮沸10min,灭酶。

按照上述方法制备8组液化样液,调pH值到5.0左右,加入0.1%糖化酶和1%麸皮。然后选其中3组样液,将其温度降到60℃,恒温糖化5h、10h、15h,糖化完成后将其煮沸灭酶,待用;取4组样液,将其温度调整为50℃、55℃、65℃、70℃,恒温糖化10h,糖化完成后将其煮沸灭酶,待用;剩余1组做对照处理。将上述的8组液化样液作为不同DE值的待测样液(玉米淀粉糖浆),进行DE值和甜度与黏度的测定。

2. 糖化程度(DE值)的测定

(1)费林试剂标定　先吸取费林试剂甲液5.0mL,再吸取费林试剂乙液5.0mL,置于150mL锥形瓶中,加水20mL,加入玻璃珠3粒,预先滴加24mL葡萄糖标准溶液,放置在电炉上,控制在2min内加热至沸腾,并保持微沸。加2滴次甲基蓝指示液,继续滴加葡萄糖标准溶液,直至溶液蓝色刚好消失为终点,滴定操作应在3min内完成。记录消耗葡萄糖标准溶液的体积,同时平行操作3份,取其平均值,并做空白试验。计算出每10mL(甲、乙液各5mL)费林试剂溶液相当于葡萄糖的质量RP,单位为g。计算公式如下:

$$RP = c(V_1 - V_0)$$

式中:RP——10mL(甲、乙液各5mL)费林试剂溶液相当于葡萄糖的质量,g;

c——葡萄糖标准溶液浓度,g/mL;

V_1——试样消耗葡萄糖标准溶液的总体积,mL;

V_0——空白消耗葡萄糖标准溶液的总体积,mL。

(2)样品溶液测定

①样液的制备:称取一定量的样品,精确到0.0001g(取样量以每100mL样液中含有还原糖量125~250mg为宜)。置于50mL小烧杯中,加热水溶解后全部移入250mL容量瓶中,冷却至室温。加水稀释至刻度,摇匀备用。

②滴定:先吸取费林试剂甲液5.0mL,再吸取费林试剂乙液5.0mL,置于150mL锥形瓶中,加水20mL,并加入玻璃珠3粒,预先滴加一定量的样液(加入量依据每个样品的预试验而定),放置在电炉上,控制在2min内加热至沸腾,并保持微沸。加2滴次甲基蓝指示液,继续滴加样液,直至溶液蓝色刚好消失为终点,滴定操作应在3min内完成。记录消耗样液的体积,同时平行操作3份,取其平均值,并做空白试验。样品DE值按下式计算,数值以%表示。

$$X(\%) = \frac{RP}{m\frac{V_2 - V_0}{250}DMC} \times 100$$

式中:X——DE值,即样品中葡萄糖当量值(样品中还糖占干物质的百分数),%;

RP——10mL(甲、乙液各 5mL)费林试剂溶液相当于葡萄糖的质量,g;
m——称取样品的质量,g;
V_2——消耗样液的总体积,mL;
V_0——空白消耗样液的总体积,mL;
250——配制样液的总体积,mL;
DMC——样品干物质(固形物)的质量分数,%。

3. 甜度的测定

(1)可溶性固形物(糖度/甜度)含量　用糖度计直接测定。

(2)比甜度　采用感官评定法,操作步骤如下:分别取不同 DE 值的玉米淀粉溶液 1mL 于试管中,再分别加入 9mL 水,用感官法分析其甜度,并以 10%的蔗糖水溶液在 20℃时的甜度为基准,记录各 DE 值的玉米淀粉溶液的甜度。

4. 黏度的测定

(1)称样　称取 5.0g 不同 DE 值的玉米淀粉糖化样液,精确至 0.1g。将样品置 250mL 四口烧瓶中后,加入水,使样品的干基固形物浓度达到设定浓度。

(2)旋转黏度计及淀粉乳液的准备　按所规定的旋转黏度计的操作方法进行校正调零,并将仪器测定筒与超级恒温水浴装置相连,打开水浴装置。将装有淀粉乳液的四口烧瓶放入恒温水浴中,在烧瓶上装上搅拌器、冷凝管和温度计,盖上取样口,打开冷凝水和搅拌器。

(3)测定　将测定筒和淀粉乳液的温度通过恒温装置分别同时控制在 45℃、50℃、60℃、70℃、80℃、90℃、95℃。在恒温装置到达上述每个温度时,从四口烧瓶中吸取淀粉乳液,加入到旋转黏度计的测量筒内,测定黏度,读取各个温度时的黏度值。

六、实验记录

将上述测定的实验结果,记录于表 25-1 中,并作图观察。

表 25-1　玉米淀粉的糖化程度对其甜度、黏度的影响

糖化程度		黏度							甜度	
糖化条件	DE 值	45℃	50℃	60℃	70℃	80℃	90℃	95℃	糖度/°Brix	比甜度
对照										
60℃,5h										
60℃,10h										
60℃,15h										
50℃,10h										
55℃,10h										
65℃,10h										
70℃,10h										

七、实验心得

简述在实验过程中观察到的现象与体会，思考玉米淀粉酶法制糖浆工艺的改进措施，并思考糖化程度、甜度及黏度的测定方法有何改进建议或替代的方法？

本实验为探索性综合实验，实验设计中影响因素、参数及测定方法与条件等，均可根据所查阅相关文献进行调整，以期增加实验的准确性与验证性。

【思考题】

除糖化程度外，哪些因素还会对淀粉糖化后甜度及黏度的影响？

实验 26　市场上中、西式糕点及珍珠奶茶等 5 种食品配方(标签)与反式脂肪酸含量调查研究

一、实验目的

了解食品市场调查的方式与方法；了解中、西式糕点及珍珠奶茶等 5 种食品配方(标签)的差异；掌握气相色谱的操作及学会利于气相色谱测定反式脂肪酸的含量。

二、实验原理

食品配方(标签)是指预包装食品容器上的文字、图形、符号以及一切说明物。本实验主要是关注标签中食品配方(配料)表。

反式脂肪酸(trans fatty acids，简称 TFA)是指所有含有反式非共轭双键的脂肪酸的总称，因其与碳链双键相连的氢原子分布在碳链的两侧而得名。反式脂肪酸主要来自油脂的不完全氢化，反式脂肪酸主要是来源于部分氢化处理的植物油，如氢化植物油(植物奶油、酥油、植脂末、奶精、人造奶油、代可可脂、起酥油等)；精炼植物油(没有经过氢化，但在加工食品过程中可能会产生反式脂肪酸)。

反式脂肪酸的测定主要采用气相色谱法，其测定原理为：利用脂肪酸的碳链长度、不饱和度和双键的几何结构等的差异，使脂肪酸在气相色谱柱上保留的时间不同而实现分离。根据色谱保留时间规律，对于相同双键位置的脂肪酸的顺、反异构体，反式异构体较顺式异构体先出峰。

三、实验设计

1. 中、西式糕点及珍珠奶茶配方(标签)的调查

选择市场上 5 种中、西式糕点及珍珠奶茶，按原辅料与食品添加剂进行分类调查研究，比较分析中、西式糕点及珍珠奶茶中配方(标签)的不同。

2. 中、西式糕点及珍珠奶茶反式脂肪酸的调查

采用气相色谱法，以各种反式脂肪酸甲酯标准品的峰位置及标准曲线为参照，比较分析 5 种中、西式糕点及珍珠奶茶中反式脂肪酸含量的不同；同时采用问卷调查的方式，对消费者关于反式脂肪酸的了解情况及获知有害后的消费意向及要求标注的情况进行调查，进而分析调研含有反式脂肪酸食品(中、西式调查糕点及珍珠奶茶等)的未来消费情况。

四、材料、试剂和仪器用具

1. 材料、试剂

立顿英式金装奶茶，相约经典台湾奶茶，大全麦土司，墨西哥餐包，老婆饼等。

石油醚(30~60℃)，4mol/L 氢氧化钾－甲醇溶液，无水硫酸钠等为分析纯；正己烷为色谱纯；脂肪酸甲酯标准品(Sigma 公司)：十八烷酸甲酯，反－9－十八碳一烯酸甲酯，顺－9－十八碳一烯酸甲酯，反－9，12－十八碳二烯酸甲酯，顺－9，12－十八碳二烯酸甲酯，反－9，12，15－十八碳三烯酸甲酯，顺－9，12，15－十八碳三烯酸甲酯，二十烷酸甲酯，顺－11－二十碳烯酸甲酯。

2. 仪器

涡旋振荡器，超声振荡器，离心机，恒温水浴锅，电子天平，索氏抽提装置，旋转蒸发仪，气相色谱仪（带氢火焰离子化检测器，配备 CP-Sil88 100mm × 0.25mm 熔融石英毛细管柱）。

五、实验方法

1. 配方（标签）的调查

随机选取市场上5种中、西式糕点及珍珠奶茶（本实验选择立顿英式金装奶茶、相约经典台湾奶茶、大全麦土司、墨西哥餐包、老婆饼等），观察这5种食品配方（标签）中原辅料与食品添别剂（包括原辅料中含有的），并注明其作用。

2. 反式脂肪酸的测定

(1) 油脂的提取　样品中油脂的提取采用索氏抽提法。

(2) 脂肪酸的甲酯化　取上述脂肪样品2~3滴，用正己烷溶解并定容至10mL，取出3.0mL于10mL具塞试管中，加入0.3mL 4mol/L的氢氧化钾－甲醇溶液。盖紧瓶盖，涡旋振荡器上剧烈振摇2min，以4 000r/min速度离心5min后将上清液转入气相色谱试样瓶中，待测。

(3) 气相色谱分析　色谱柱采用CP－Sil88熔融石英毛细管柱；载气为H_2，燃烧气为N_2、H_2和空气；进样口温度为250℃，压力为24.52psi（1psi＝6 894.76Pa），总流量为29.4mL/min；气相柱的柱压为24.52 psi，柱内流速为1.8mL/min；炉温为程序升温：45℃时保持4min，然后以13℃/min的升温速率将温度升至175℃，保持此温度27min，再以4℃/min的升温速率将温度升至215℃，保持35min，总测定时间为86min；检测器温度为250℃，氢气流速为30.0mL/min，空气流速为300mL/min，氮气流速为30.0mL/min。进样量为1.0 μL，分流比为1:30。

(4) 试样测定

①反式脂肪酸甲酯色谱峰的鉴别：将脂肪酸甲酯标准品，用正己烷配制成脂肪酸甲酯标准混合溶液，其中每种成分的浓度为0.05~0.5 mg/mL，进样分析，分离与鉴定出各个顺反脂肪酸甲酯的峰位置。

②标准曲线的制备：在仪器最佳工作条件下，配制浓度分别为0mg/mL、0.2mg/mL、0.4mg/mL、0.6mg/mL、0.8mg/mL、1.0mg/mL的系列反式脂肪酸（反－9－十八碳一烯酸甲酯、反－9，12－十八碳二烯酸甲酯和反－9，12，15－十八碳三烯酸甲酯等）标准工作液。分别进样，以峰面积为纵坐标，标准工作液浓度为横坐标绘制标准工作曲线。

③试样液的测定：将待测试样注入气相色谱仪，依照分离鉴定出的反式脂肪酸甲酯

峰位置,分别测定区域内反-9-十八碳一烯酸甲酯、反-9,12-十八碳二烯酸甲酯和反-9,12,15-十八碳三烯酸甲酯的峰面积,查标准曲线得到待测试样中各反式脂肪酸的质量浓度。

3. 含反式脂肪酸食品的消费情况调查

采用表 26-1 的问卷调查表,对消费者关于反式脂肪酸的了解情况及获知有害后的消费意向及要求标注的情况进行调查,确定消费者对含有反式脂肪酸食品(中、西式糕点及珍珠奶茶)的消费态度及状况。

表 26-1　中、西式糕点及珍珠奶茶问卷调查表

中、西式糕点及珍珠奶茶问卷调查表

填表日期：20　　年　　月　　日

1. 您的年龄是(　　)。
   A. 20 岁以下　　B. 20~30 岁　　C. 30~40 岁　　D. 40~50 岁　　E. 50 岁以上
2. 您的性别是(　　)。
   A. 男　B. 女
3. 您的职业是(　　)。
   A. 事业单位人员　　B. 企业人士　　C. 务工人员　　D. 学生
   E. 退休人员　　F. 个体户或其他
4. 您收入的情况是(　　)。
   A. 无收入　　B. 1000 元以下　　C. 1000~3000 元　　D. 3000~5000 元　　E. 5000 元以上
5. 家里是否有小孩(初中以下)?(　　)
   A. 有　　B. 没有
6. 您平时喜欢吃中、西式糕点吗?(　　)
   A. 非常喜欢　　B. 一般喜欢　　C. 不喜欢　　D. 非常不喜欢
7. 您平时喜欢喝珍珠奶茶吗?(　　)
   A. 非常喜欢　　B. 一般喜欢　　C. 不喜欢　　D. 非常不喜欢
8. 您平时看过中、西式糕点和珍珠奶茶的标签吗?(　　)
   A. 经常看　　B. 偶尔看　　C. 从未看过
9. 您对反式脂肪酸了解情况是(　　)。
   A. 从来没有听说过　　B. 听说过但不懂　　C. 知道一点但不太清楚　　D. 比较了解
10. 您若知反式脂肪酸有害,您对含反式脂肪酸食品的消费意向是(　　)。
    A. 无所谓、照常吃　　B. 少吃点　　C. 不吃了
11. 您若知反式脂肪酸有害,您对食品标签中标注反式脂肪酸的态度是(　　)。
    A. 标不标无所谓　　B. 标出来好点　　C. 非常希望标出来

六、实验记录

将上述市场调查及测定的实验结果,记录于表 26-2~表 26-4 中。

表 26-2　中、西式糕点及珍珠奶茶等 5 种食品配方(标签)

食品类别	配方(标签)			
	原辅料	作用	食品添加剂(包括原辅料中含有的)	作用
立顿英式金装奶茶				
相约经典台湾奶茶				
大全麦土司				
墨西哥餐包				
老婆饼				

表 26-3　中、西式糕点及珍珠奶茶等 5 种食品中反式脂肪酸含量及组成

食品类别	反式脂肪酸含量及组成	
	含量	组成及所占比例
立顿英式金装奶茶		
相约经典台湾奶茶		
大全麦土司		
墨西哥餐包		
老婆饼		

表 26-4　对含反式脂肪酸食品的消费情况调查

对食品标签的关注		对反式脂肪酸了解		获知反式脂肪酸有害后的消费意向及对食品标签中标注反式脂肪酸的态度			
关注情况	所占比例	了解情况	所占比例	消费意向	所占比例	标注态度	所占比例
经常看		从来没有听说过		无所谓、照常吃		标不标无所谓	
偶尔看		听说过但不懂		少吃点		标出来好点	
从未看过		知道一点但不太清楚		不吃了		非常希望标出来	
		比较了解					

七、实验心得

简述在实验过程中观察到的现象与体会,思考中、西式糕点及珍珠奶茶等食品配方(标签)与反式脂肪酸含量调查的方式与方法有何改进建议?

本实验为探索性综合实验,实验设计中影响因素、参数及测定方法与条件等,均可根据所查阅相关文献进行调整,以期增加实验的准确性与验证性。特别是本实验中,中、西式糕点的食品品种,可以自主选择,本实验所列仅提供参考。

【思考题】

1. 除上述中、西式糕点食品外,选择一例其他类别食品,列出其食品配方(标签)中食品添加剂,并思考其作用?
2. 哪些因素会影响反式脂肪酸的测定?还有哪些反式脂肪酸测定的方法?

实验 27　曲奇饼干配方对其质构和口感的影响

一、实验目的

考查曲奇饼干配方的变化对其质构和口感的影响,并掌握质构与口感等饼干品质的测定与评价方法。

二、实验原理

曲奇饼干是以小麦粉、糖、糖浆、油脂、乳制品为主要原料,加入膨松剂及其他辅料,经冷粉工艺调粉,采用挤注或挤条、钢丝切割或辊印方法中的一种形式成型,烘烤制成的具有立体花纹或表面有规则波纹的饼干。

曲奇饼干原辅料配方中任何一种成分或膨松剂等比例的变化,都会对曲奇饼干最终的质构与口感等品质产生影响。本实验通过改变糖、起酥油及膨松剂等的含量,来探讨曲奇饼干配方变化对其质构与口感的影响。

三、实验设计

1. 糖含量对曲奇饼干质构与口感的影响

固定其他原料、辅料及添加剂的基本配方(低筋小麦粉100g、起酥油60g、膨松剂0.5g、全脂奶粉10g、蛋清10g)不变的情况下,在体系中分别加入10g、20g、30g、40g、50g的糖粉,依据曲奇饼干制作工艺制成饼干成品后,测定曲奇饼干的质构与口感。观察曲奇饼干质构与口感的变化,从而了解糖含量对曲奇饼干质构与口感的影响。

2. 起酥油含量对曲奇饼干质构与口感的影响

固定其他原料、辅料及添加剂的基本配方(低筋小麦粉100g、膨松剂0.5g、糖粉30g、全脂奶粉10g、蛋清10g)不变的情况下,在体系中分别加入40g、50g、60g、70g、80g的起酥油,依据曲奇饼干制作工艺制成饼干成品后,测定曲奇饼干的质构与口感。观察曲奇饼干质构与口感的变化,从而了解起酥油含量对曲奇饼干质构与口感的影响。

3. 膨松剂含量对曲奇饼干质构与口感的影响

固定其他原料、辅料及添加剂的基本配方(低筋小麦粉100g、起酥油60g、糖粉30g、全脂奶粉10g、蛋清10g)不变的情况下,在体系中分别加入0.3g、0.4g、0.5g、0.6g、0.7g的膨松剂,依据曲奇饼干制作工艺制成饼干成品后,测定曲奇饼干的质构与口感。观察曲奇饼干质构与口感的变化,从而了解膨松剂含量对曲奇饼干质构与口感的影响。

四、材料、试剂和仪器用具

1. 材料、试剂
低筋小麦粉、起酥油、白砂糖、膨松剂(泡打粉等)、全脂奶粉、蛋清等。

2. 仪器用具
搅打器、裱花袋、饼干成型模具、烘烤托盘、油纸、远红外烤箱等;电子天平、TA-XT2i 型质构仪等。

五、实验方法

1. 质构的测定

(1) TPA 质地参数(硬度、弹性、黏聚性、咀嚼性及回复性)的测定 TPA 实验测定的基本参数设置:探头为 P50;测试模式为压缩力测试;测前速率为 2.0mm/s;测试速率为 1.0mm/s;测后速率为 10.0mm/s;压缩量为 50%;触发力为 5g。测定的 TPA 参数值可从仪器上直接读出。因为各试样之间存在差异性,为保持实验结果的准确性,每种样品测定 15 次,取 15 次的平均值作最后样品质地分析的结果。

(2) 断裂强度的测定 采用三点弯曲实验,测试中将饼干放置在间距为 40 mm 的两水平支座上,通过 HDP/3PB 探头下压直至样品破裂成两半。三点弯曲实验的基本参数设置:探头为 HDP/3PB;测试模式为压缩力测试;测前速率为 2.5 mm/s;测试速率为 1.0 mm/s;测后速率为 10.0 mm/s;测试跨度为 40 mm;下压距离为 10 mm;触发力为 5g。测定的断裂强度值可从仪器上直接读出。因为各试样之间存在差异性,为保持实验结果的准确性,每种样品测定 15 次,取 15 次的平均值作最后样品断裂强度分析的结果。

2. 口感的测定

口感的测定,以国家标准 GB/T 20980—2007《饼干》和 GB/T 16860—1997《感官分析方法 质地剖面检验》为依据,主要采用感官评定的手段,由受训过的品评人员组对饼干的口感进行感官评定,其感官评定分值分布见表 27-1。

表 27-1 口感感官评定分值表

项目	评分标准	分值
口感	酥松、细腻、不粘牙	90~100
	松软、较细腻、略粘牙	75~90
	较松软、粗糙、粘牙	60~75
	僵硬、干涩、粗糙、粘牙	<60

六、实验记录

将上述测定的实验结果,记录于表 27-2 ~ 表 27-4 中。

表 27-2　不同糖含量对曲奇饼干质构与口感的影响

糖量	质构						口感综合评价
	硬度	弹性	黏聚性	咀嚼性	回复性	断裂强度	
对照							
10g							
20g							
30g							
40g							
50g							

表 27-3　不同起酥油含量对曲奇饼干质构与口感的影响

起酥油量	质构						口感综合评价
	硬度	弹性	黏聚性	咀嚼性	回复性	断裂强度	
对照							
40g							
50g							
60g							
70g							
80g							

表 27-4　不同膨松剂含量对曲奇饼干质构与口感的影响

膨松剂量	质构						口感综合评价
	硬度	弹性	黏聚性	咀嚼性	回复性	断裂强度	
对照							
0.3g							
0.4g							
0.5g							
0.6g							
0.7g							

七、实验心得

简述在实验过程中观察到的现象与体会，思考曲奇饼干质地及口感的测定方法有何改进建议或替代的方法？

本实验为探索性综合实验，实验设计中影响因素、参数及测定方法与条件等，均可根据所查阅相关文献进行调整，以期增加实验的准确性与验证性。

【思考题】

除了糖、起酥油及膨松剂含量,还有哪些因素会对饼干的质构与口感有影响?

参考文献

罗斐斐,侯汉学,董海洲,等.2012.脱皮及超微粉碎对紫麦全麦粉加工品质的影响[J].食品工业科技,33(11):130-133.

中华人民共和国国家质量监督检验检疫总局.2007.GB/T 20980—2007 饼干[S].北京:中国标准出版社.

中华人民共和国国家质量监督检验检疫总局.1997.GB/T 16860—1997 感官分析方法 质地剖面检验[S].北京:中国标准出版社.

许文文,曹霞敏,廖小军.2011.热烫方式对草莓内源酶与主要品质影响的研究[J].中国食物与营养,17(8):25-32.

国家标准局.1986.GB 6195—1986 水果、蔬菜维生素C含量测定法(2,6-二氯靛酚滴定法)[S].北京:中国标准出版社.

亢潘潘,胡秋林.2012.响应曲面法优化小麦淀粉制备麦芽糖浆糖化工艺的研究[J].武汉工业学院学报,31(2):5-9,14.

中华人民共和国国家质量监督检验检疫总局.2007.GB/T 20885—2007 葡萄糖浆[S].北京:中国标准出版社.

中华人民共和国国家质量监督检验检疫总局.2008.GB/T 22427.7—2008 淀粉黏度的测定[S].北京:中国标准出版社.

曹君,李静,覃雯,等.2011.气相色谱法测定奶茶中的反式脂肪酸[J].食品科学,32(18):159-164.

中华人民共和国国家质量监督检验检疫总局.2010.GB 5413.36—2010 婴幼儿食品和乳品中反式脂肪酸的测定[S].北京:中国标准出版社.

朱坤,范志红,贾丽立.2010.焙烤食品反式脂肪酸标注情况及消费者态度调查[J].中国食物与营养,(10):42-46.

附录1　食品化学常用仪器

一、pH 计

(一)原理

pH 计是以电位测定法来测量溶液 pH 值的,因此 pH 计的工作方式,除了能测量溶液的 pH 值以外,还可以测量电池的电动势。pH 计的主要测量部件是玻璃电极和参比电极,玻璃电极对 pH 值敏感,而参比电极的电位稳定。将 pH 计的两个电极一起放入同一溶液中,构成一个原电池,这个原电池的电位,即为这玻璃电极和参比电极电位的代数和。在温度保持稳定的情况下,溶液和电极所组成的原电池的电位变化,只和玻璃电极的电位有关,而玻璃电极的电位取决于待测溶液的 pH 值,因此通过对电位的变化测量,就可以得出 pH 溶液的 pH 值。

(二)操作方法

以 METTLER-TOLEDO 公司的 FE20 型 pH 计为例说明。

1. 标准物质选择与标准溶液的正确配制和保存

①正确选用标准物质:选用标准 pH 值与被测溶液 pH 值相接近的标准物质,如无法选定,一般选 pH=4.00、pH=6.86 和 pH=9.18 三种。

②配置标准溶液的烧杯、玻璃杯、容量瓶应用 3%~5% 的重铬酸钾洗液清洗干净。配制标准溶液的蒸馏水应在 25.0℃ 的室温下等温处理。

③标准溶液的配制:标准物质分别倒入烧杯中,并用蒸馏水至少冲洗包装袋或包装瓶三次倒入烧杯中,用玻璃棒搅动至完全溶解,在容量瓶中稀释至容量瓶刻度。

2. pH 计校准

一般采用二点校准法。标定的缓冲溶液一般选用 pH=6.86 的溶液作第一点,用接近被测溶液 pH 值的缓冲液作第二点,如被测溶液为酸性时,缓冲液应选 pH=4.00;如被测溶液为碱性时则选 pH=9.18 的缓冲液。从标准溶液瓶中倒出适量标准溶液于烧杯中,用水银温度计测量溶液温度,并将该温度输入 pH 计的"手动补偿温度"设置。查出该标准溶液在该温度下的 pH 值。轻摇烧杯,待 pH 计示值稳定后,再按"校正"键调节斜率调节器,使示值与 pH 标准溶液 pH 值一致。蒸馏水冲洗电极后,用滤纸吸干电极外部水分时,切勿擦拭电极,以防产生极化和响应迟缓现象。勿将电极用作搅拌器。测量被测溶液 pH 值时应调节温度补偿器使被测溶液温度一致。

3. 样品测量

将电极放在样品溶液中并按读数键开始测量,当电极输出稳定后,显示屏自动固定,并显现样品溶液 pH 值。

(三)注意事项

1. 若电极的校正斜率超出范围,需清洗电极,并进行校正

故障原因:电极较脏,需要清洁。

解决措施:选择 mV 方式将电极放入 pH7 缓冲液,应有 0mV±53mV 电位,否则应清洗电极。随后进行两点校正。

2. 读数不稳定

故障原因:电极液接口存在气泡;电极参比液液位过低;电极接口较脏。

解决措施:轻摇 pH 计,排除液接口气泡;补充适量的内参比液;清洁或更换电极接口。

3. 响应迟缓

故障原因:样品离子浓度低;电极较脏。

解决措施:等候直至达到反应平衡;清洗电极或更换电极。

4. 读数不正确

故障原因:使用的校正缓冲液不正确;使用的缓冲液超过有效期或被污染;电极故障。

解决措施:更换正确的缓冲液;重新配置缓冲溶液;若更换新电极仍无效则应将仪器送当地计量部门检修。

二、紫外可见分光光度计

(一)原理

物质的吸收光谱是物质中的分子和原子吸收了入射光中的某些特定波长的光能量,相应地发生了分子振动能级跃迁和电子能级跃迁的结果。由于各种物质具有各自不同的分子、原子和不同的分子空间结构,其吸收光能量的情况也就不会相同,因此,每种物质就有其特有的、固定的吸收光谱曲线。可根据吸收光谱上的某些特征波长处的吸光度的高低判别或测定该物质的含量,这就是分光光度定性和定量分析的基础。分光光度分析就是根据物质的吸收光谱研究物质的成分、结构和物质间相互作用的有效手段。

许多物质在紫外-可见光区有特征吸收峰,所以可用紫外分光光度法对这些物质分别进行测定(定量分析和定性分析)。紫外可见分光光度法的定量分析基础是朗伯-比尔(Lambert-Beer)定律。即物质在一定浓度的吸光度与它的吸收介质的厚度呈正比。

(二)操作方法

以 725 型紫外可见分光光度计为例。

①仪器开机、自检、预热 20min。

②测量前,如怀疑仪器的波长发生偏移,检测仪器内置氘灯 656.10 nm 的特征波长来校正波长。

③设定工作波长,将空白、标样和样品室比色皿架内,对空白进行校正。将样品拉

入光路中,在当前工作波长下对样品进行测定。

(三)常见问题

1. 仪器测量样品的数据不稳定

故障原因:测量的样品挥发性太大;确认是否正确校正空白。

解决方法:请使用比色皿盖;空白或参比的吸光度值不应该超过 0.4A。

2. 仪器测量样品的吸光度不准确

故障原因:校正出现问题;比色皿配对性差;比色皿用不正确。

解决方法:在系统设定中进行"暗电流校正",校正完成后重新校正空白液,再测量的样品的吸光度;请检查比色皿配对性;石英比色皿适用于 190~1 100nm 波长,玻璃比色皿适用于 320~1 100nm 波长。

三、黏度计

(一)原理

仪器由同步电机以稳定的速度旋转,连接刻度圆盘,再通过游丝和转轴带动转子旋转。如果转子未受到液体的阻力,则游丝、指针与刻度盘同速旋转,指针在刻度盘上指出的读数为"0"。反之,如果转子受到液体的黏滞阻力,则游丝产生扭矩,与黏滞阻力抗衡最后达到平衡,这时与游丝连接的指针在刻度盘上指示一定的读数(即游丝的扭转角)。将读数乘以特定的系数即得到液体的黏度。

(二)操作方法

以美国 BROOKFIELD DV – I + 黏度计为例说明。

①校零:在读数之前,黏度计必须先进行自动校零。当电源开关关掉后,重新使用仪器时都必须校零。

②安装黏度计,调节机身顶部的水平气泡在黑色圆圈中。

③将转子浸入样品中至转子杆上的凹槽刻痕处。如果是碟形转子,要以某一角度倾斜地浸入样品中以避免因产生气泡而影响测试结果。在该过程中应避免有横向冲击。检查黏度计是否处于水平状态,转子浸入深度是否合适。

④选择转子和转速组合,使扭矩百分比读数在 10%~100% 范围内。对于高黏度样品,使用面积小的转子和较低的转速;对于低黏度样品,情况相反。对于非牛顿流体,转速/转子的改变会导致黏度读数的变化。运行程序,注意在读数前,应隔一段时间让度数稳定下来,时间的长短取决于不同的流体性质。

⑤每当换转子或样品时,需关闭电机。测量完毕取下转子,清洗干净,放回装转子的盒中。

(三)常见问题

判定黏度计是否准确,需要同时考虑仪器本身和标准液自身的误差。对于某种转子和转速的组合,黏度计的测量误差范围为该组合下所能测量的最大黏度值的 ±1%。对于标准液,其误差范围是表称黏度值的 ±1%。允许的黏度误差范围 = 黏度计误差范围 + 标准液黏度误差范围。

四、水分活度仪

(一)原理

主要利用水分活度仪中的传感器装置——湿敏元件,在一定温度下根据食品中水的蒸气压力的变化,从仪器的表头上读出指针所示的水分活度值。

(二)操作方法

①将等量的纯水及捣碎的样品迅速放入测试盒,拧紧盖子密封,并通过转接电缆插入"纯水"及"样品"插孔。固体样品应碾碎成米粒大小,并摊平在盒底。

②打开电源开关,预热 15min,如果显示屏上出现"E",表示溢出,按"清零"按钮。

③调节"校正Ⅱ"电位器,使显示为 100.00 ± 0.05。

④按下"活度"开关,调节"校正Ⅱ"电位器,使显示为 1.000 ± 0.001。

⑤测试盒平衡 30min(若室温低于 25℃,则需平衡 50min),按下相应的"样品测定"开关,即可读出样品的水分活度 A_w 的值。

⑥测量相对湿度时,先将"活度"开关复位,再按相应的"样品测定"开关,读数即为所测空间的相对湿度。

⑦关机,清洗并吹干测试盒,放入干燥剂,盖上盖子,拧紧密封。

(三)常见问题

①在测试前,仪器一般用标准溶液进行校正。

②环境不同,应对标准值进行修正(附表1-1)。

附表1-1 不同温度下水分活度标准值的校正数

温度/℃	校正数	温度/℃	校正数
15	-0.010	21	+0.002
16	-0.008	22	+0.004
17	-0.006	23	+0.006
18	-0.004	24	+0.008
19	-0.002	25	+0.010
20	±0.00		

③本仪器应避免测量含二氧化硫、氨气、酸和碱等腐蚀性样品。

④每次测量时间不应超过 1h。

五、质构仪

(一) 原理

食品的质地特性,如硬度、脆性、胶黏性、回复性、弹性、凝胶强度等,都与力的作用有关。质构仪通过各种探头模拟人的触觉,进行不同种类的压缩、切割、挤压和拉伸模具进行测试,分析检测触觉中的物理特征,在其主机的机械臂和探头连接处有一个力学感应器,能感应标本对探头的反作用力,并将这种力学信号传递给微机,在应用软件的处理下,将力学信号转变为数字和图形显示于显示器上,直接快速地记录标本的受力情况,得出能够表示一些质构特性及相关关系的一个曲线图。

(二) 操作方法

以 Brookfield 公司的 CT3 质构仪为例说明。

①将待测样品固定在工作基台,调节基台高度以使样品表面距离探头的距离在 5mm 以内。
②选择合适的探头,安装上所选探头。
③根据需要,选择测量模式,设定测试参数。
④按下开始键,进行测试,并记录测试结果。
⑤清除样品,并清洁探头。

六、色差仪

(一) 原理

色差仪是利用三原色(红、绿、蓝)的原理,通过光照对颜色进行分解,电子计算机运算以后,以 L、a、b 的数据形式在显示器上显示出来,L 表示明度,有正负之分,a、b 表示不同色调方向,a^+ 呈现红色调,a^- 呈现绿色调,b^+ 显示黄色调,b^- 显示蓝色调。在自动比较样板与被检品之间的颜色差异之后,输出 L、a、b 三组数据和比色后的 E、L、a、b 四组色差数据。其中,ΔE 总色差的大小;ΔL 大表示偏白,ΔL 小表示偏黑;Δa 大表示偏红,Δa 小表示偏绿;Δb 大表示偏黄,Δb 小表示偏蓝。

(二) 操作方法

以美能达 CR-10 色差仪为例说明。

①取下镜头保护盖。
②打开电源开关。
③按样品目标键,显示 Target L、a、b 数值。
④将镜头口对正样品的被测部位,按录入工作键,"嘀"的一声响后移开镜头,此时显示该样品的绝对值 L、$a^{\pm}$ 和 $b^{\pm}$。

⑤再将镜头对准需检测物品的被测部位，测试，此时显示该被检物品与样品的色差值 ΔL、Δa、Δb，由色差值判断两者之间的色差大小和偏色方向。

⑥测试完后，盖好镜头保护盖，关闭电源。

(三)常见问题

1. 测量数据异常

故障原因：仪器未校正。

解决方法：当仪器使用一段时间后，要用随机带的标准白板重新标定仪器，达到最高的测量精度。

2. 即使测量同一样品，测量值也相差很大

故障原因：色差仪与样品接触位置不正确。

解决方法：将色差仪面对试样表面正确放置。

七、气相色谱(GC)

(一)原理

气相色谱是一种把混合物分离成单个组分的实验技术。将气化的混合物或气体通过含有某种物质的管(即色谱柱)，基于管中物质对不同化合物的保留性能不同而得到分离。样品经过检测器以后，被记录的就是色谱图，每一个峰代表最初混合样品中不同的组分。峰出现的时间称为保留时间，可以用来对每个组分进行定性，而峰的大小(峰高或峰面积)则是组分含量大小的度量。

(二)操作方法

以安捷伦6820型气相色谱仪为例说明。

①打开氮气、氢气、空气发生器的电源开关(或氮气钢瓶总阀)，调整输出压力稳定在0.4MPa左右。

②打开色谱仪气体净化器的氮气开关转到"开"的位置。注意观察色谱仪载气B的柱前压上升并稳定大约5min后，打开色谱仪的电源开关。

③设置各工作部温度。条件设置：(a)柱箱：柱箱初始温度、初始时间、升温速率、终止温度、终止时间；(b)进样器和检测器温度。

④点火：待检测温度升到150℃以上后，打开净化器上的氢气、空气开关阀到"开"的位置。观察色谱仪上的氢气和空气压力表分别稳定在0.1MPa和0.15MPa左右。按住点火开关(每次点火时间不能超过6~8s)点火。同时用明亮的金属片靠近检测器出口，当火点着时在金属片上会看到有明显的水汽。如果在6~8s内氢气没有被点燃，要松开点火开关，再重新点火。在点火操作的过程中，如果发现检测器出口内白色的聚四氟帽中有水凝结，可旋下检测器收集极帽，把水清理掉。

⑤打开电脑及工作站，打开一个方法文件。显示屏左下方应有蓝字显示当前的电压值和时间。转动色谱仪放大器面板上点火按钮上边的"粗调"旋钮，检查信号是否为通

路。待基线稳定后进样品并同时点击"启动"按钮或按一下色谱仪旁边的快捷按钮,进行色谱数据分析。分析结束时,点击"停止"按钮,数据即自动保存。

⑥关机程序:首先关闭氢气和空气气源,使氢火焰检测器灭火。在氢火焰熄灭后再将柱箱的初始温度、检测器温度及进样器温度设置为室温(20~30℃),待温度降至设置温度后,关闭色谱仪电源。最后再关闭氮气。

(三)常见问题

1. 样品不能分离

故障原因:柱温太高;色谱柱太短;固定液流失;载气流速太高;进样技术差。

解决方法:降低柱温;选择较长的色谱柱;更换或老化柱子;调整至适当值;重复进样,提高技术。

2. 峰拖尾或前突

故障原因:进样量过大;柱选择错误;汽化室污染;汽化室和柱箱温度不当;进样技术差。

解决方法:减少进样量;重新选择色谱柱;清洗;重新设定适当值;重复进样,提高技术。

3. 出现平顶峰

故障原因:样品量超出检测器线性范围;超出数据处理机测量范围。

解决方法:减少样品量;改变衰减值或减少样品量。

4. 出现怪峰

故障原因:前一次进样的流出物;进样垫的挥发或污染;样品分解;柱污染样品量超出检测器线性范围;超出数据处理机测量范围。

解决方法:待所有组分流出后再进样;更换或老化进样垫;改变分析条件;更换或老化柱子。

八、液相色谱(HPLC)

(一)原理

高效液相色谱是依据待分离液体各组分在固定相及流动相中的吸附能力、分配系数、离子交换作用或分子尺寸大小进行分离的。使用高效液相色谱时,液体待检测物在不同的时间被注入色谱柱,通过压力在固定相中移动,由于被测物中不同物质与固定相的相互作用不同,不同的物质顺序离开色谱柱,通过检测器得到不同的峰信号,每个峰顶都代表一个化合物的种类,最后通过分析比对这些信号来判断待测物所含有的物质。

(二)操作方法

以日本岛津 LC-10AT 高效液相色谱仪为例。

①开机:接通电源,依次开启不间断电源、输液泵、检测器。待泵和检测器自检结束,注意输液管道是否有气泡,如有气泡需进行排气。最后,打开电脑及色谱工作站。

②在色谱工作站中设置各种参数：波长、流速、流动相比例、洗脱梯度。采集基线，待基线稳定后（基线漂移<0.01mV/min，基线噪声<0.001mV），手动进样。

③冲洗系统：测定结束后，用有机流动相冲洗系统30min以上。

④关机：关机时，先关闭泵及检测器等，再关闭工作站及计算机，最后自下而上关闭色谱仪各组件。

（三）常见问题

1. 色谱图中未出峰

故障原因：系统未进样或样品分解；泵未输液或流动相使用不正确；检测器设置不正确。

解决方法：针对以上情况成因做相应调整即可。

2. 出现一个峰或几个峰是负峰

故障原因：流动相吸收本底高；进样过程中进入空气；样品组分的吸收低于流动相。

3. 所有峰均为负峰

故障原因：信号电缆接反或检测器输出极性设置颠倒；光学装置尚未达到平衡。

解决方法：检查电缆及检测器连接情况。

4. 所有峰均为宽峰

故障原因：系统未达到平衡；溶解样品的溶剂极性比流动相差很多；色谱柱尺寸及类型选择不正确；色谱柱或保护柱被污染或柱效降低；温度变化造成的影响。

解决方法：等待系统达到平衡；选择适当的流动相；更换色谱柱；控制温度。

5. 出现双峰或肩峰

故障原因：进样量过大；样品浓度过高；保护柱或色谱柱柱头堵塞；保护柱或色谱柱污染或失效；柱塌陷或形成短通道。

解决方法：调整进样量；调整样品浓度；清洗保护柱或色谱柱；更换保护柱或色谱柱。

6. 前伸峰

故障原因：调整进样量或样品浓度高；溶解样品的溶剂较流动相极性强；保护柱或色谱柱污染或失效。

解决方法：调整进样量或样品浓度；选择合适的流动相；清洗或更换保护柱及色谱柱。

附录2 常用标准滴定溶液

(等效采用 GB/T5009.1—1996《食品卫生检验方法 理化部分 总则》附录 B)

1. 盐酸标准滴定溶液

(1)配制

①1mol/L 盐酸标准滴定溶液:量取 90mL 盐酸,加适量蒸馏水并稀释至 1 000mL。

②0.5mol/L 盐酸标准滴定溶液:量取 45mL 盐酸,加适量蒸馏水并稀释至 1 000mL。

③0.1mol/L 盐酸标准滴定溶液:量取 9mL 盐酸,加适量蒸馏水并稀释至 1 000mL。

④0.02 mol/L 及 0.01mol/L 盐酸标准滴定溶液:临用前准确取已标定过的 0.1mol/L 盐酸标准滴定溶液加水稀释制成。必要时需重新标定浓度。

⑤溴甲酚绿-甲基红混合指示剂:量取 30mL 溴甲酚绿乙醇溶液(2g/L),加 20mL 甲基红乙醇溶液(1g/L),混匀。

(2)标定

①1 mol/L 盐酸标准滴定溶液:准确称取约 1.5g 在 270～300℃高温炉中灼烧至恒重的基准级无水碳酸钠,加 50mL 蒸馏水使其溶解,加 10 滴溴甲酚绿-甲基红混合指示剂,用配制好的溶液滴定至溶液由绿色转变为紫红色,煮沸 2min,冷却至室温,继续滴定至溶液由绿色转变为暗紫色。

②0.5mol/L 盐酸标准滴定溶液:按①操作,但基准级无水碳酸钠质量改为约 0.8g。

③0.1mol/L 盐酸标准滴定溶液:按①操作,但基准级无水碳酸钠质量改为约 0.15g。

④同时做试剂空白试验。

(3)计算

盐酸标准滴定溶液的浓度按式 c_1 计算。

$$c_1 = \frac{m}{(V_1 - V_2) \times 0.053\,0}$$

式中:c_1——盐酸标准滴定溶液的实际浓度,mol/L;

m——基准级无水碳酸钠质量,g;

V_1——盐酸标准滴定溶液用量,mL;

V_2——试剂空白试验中盐酸滴定溶液用量,mL;

$0.053\,0$——$\frac{1}{2}Na_2CO_3$(无水)的毫摩尔质量,g/mmol,$M(\frac{1}{2}Na_2CO_3) \approx 53.00$。

2. 硫酸标准滴定溶液

(1)配制

①1.0mol/L 硫酸标准滴定溶液:量取 30mL 硫酸,缓缓注入适量蒸馏水中,冷却至室温后移至 1 000mL 的容量瓶中,用蒸馏水稀释至 1 000mL,混匀。

②0.5mol/L 硫酸标准滴定溶液按①操作，但硫酸的量改为 15mL。
③0.1mol/L 硫酸标准滴定溶液按①操作，但硫酸的量改为 3mL。
（2）标定
①1.0 mol/L 硫酸标准滴定溶液按 1.（2）①操作。
②0.5 mol/L 硫酸标准滴定溶液按 1.（2）②操作。
③0.1 mol/L 硫酸标准滴定溶液按 1.（2）③操作。
④同时做试剂空白试验。
（3）计算
硫酸标准滴定溶液的浓度按式 c_2 计算。

$$c_2 = \frac{m}{(V_1 - V_2) \times 0.053\,0}$$

式中：c_2——硫酸标准滴定溶液的实际浓度，mol/L；
　　　m——基准无水碳酸钠质量，g；
　　　V_1——硫酸标准滴定溶液用量，mL；
　　　V_2——试剂空白试验中硫酸滴定溶液用量，mL；
　　　0.053 0——Na_2CO_3（无水）的毫摩尔质量，g/mmol。

3. 氢氧化钠标准滴定溶液
（1）配制
①氢氧化钠饱和溶液的配制：称取 120g 氢氧化钠，加 100mL 蒸馏水，振摇使之溶解成饱和溶液，冷却后置于聚乙烯塑料瓶中，密塞，放置数日，澄清后备用。
②1.0mol/L 氢氧化钠标准滴定溶液：吸取 56mL 澄清的氢氧化钠饱和溶液，加蒸馏水至 1 000mL，摇匀。
③0.5 mol/L 氢氧化钠标准滴定溶液：按②操作，但吸取澄清的氢氧化钠饱和溶液改为 28mL。
④0.1 mol/L 氢氧化钠标准滴定溶液：按②操作，但吸取澄清的氢氧化钠饱和溶液改为 5.6mL。
⑤0.02 mol/L 或 0.01mol/L 氢氧化钠标准滴定溶液：临用前取已标定过的 0.1 mol/L 氢氧化钠标准滴定溶液，加蒸馏水稀释制成。必要时用 0.01mol/L 或 0.02 mol/L 盐酸标准溶液重新标定浓度。
⑥酚酞指示剂：称取酚酞 1g，溶于适量乙醇中再稀释至 100mL。
（2）标定
①1.0 mol/L 氢氧化钠标准滴定溶液：准确称取约 6g 在 105~110℃ 干燥至恒重的基准级邻苯二甲酸氢钾，加 80mL 蒸馏水，使之尽量溶解，加 2 滴酚酞指示剂，用配制好的氢氧化钠溶液滴定至溶液呈粉红色，0.5min 不褪色。
②0.5 mol/L 氢氧化钠标准滴定溶液：按（三）2.①操作，但基准级邻苯二甲酸氢钾的量改为 3g。
③0.1 mol/L 氢氧化钠标准滴定溶液：按（三）2.①操作，但基准级邻苯二甲酸氢钾的量改为 0.6g。

④ 同时做试剂空白试验。

(3) 计算

氢氧化钠标准滴定溶液的浓度按式 c_3 计算。

$$c_3 = \frac{m}{(V_1 - V_2) \times 0.2042}$$

式中：c_3——氢氧化钠标准滴定溶液的实际浓度，mol/L；

　　　m——基准邻苯二甲酸氢钾质量，g；

　　　V_1——氢氧化钠标准滴定溶液用量，mL；

　　　V_2——空白试验中氢氧化钠标准滴定溶液用量，mL；

　　　0.2042——基准邻苯二甲酸氢钾($KHC_8H_4O_4$)的毫摩尔质量，g/mmol。

4. 0.1 mol/L 氢氧化钾标准滴定溶液

(1) 配制　称取 6g 氢氧化钾，用少量蒸馏水溶解，并稀释至 1 000mL，混匀。

(2) 标定　按 3.(2)③和 3.(2)④操作。

(3) 计算　按 3.(3)式 c_3 计算。

5. 高锰酸钾标准滴定溶液

(1) 配制

① 0.1 mol/L $\frac{1}{5}KMnO_4$ 标准滴定溶液：称取 3.3g 高锰酸钾，加入 1 000mL 蒸馏水中，煮沸 15min，加塞静置 2d 以上，用垂融漏斗过滤，置于具玻璃塞的棕色瓶中密闭保存。

② 0.01 mol/L $\frac{1}{5}KMnO_4$ 标准滴定溶液：临用前取已标定过的 0.1mol/L $\frac{1}{5}KMnO_4$ 标准滴定溶液稀释制成，必要时重新标定浓度。

(2) 标定　准确称取约 0.2g 在 110℃ 干燥至恒重的基准草酸钠，溶于 250mL 蒸馏水中，后加入 10mL 硫酸，搅拌使之溶解。迅速加入约 25mL 高锰酸钾溶液，待褪色后，加热至 65℃ 继续用高锰酸钾标准溶液滴定至溶液呈微红色，保持 0.5min 不褪色。在滴定终了时，溶液温度应不低于 55℃。同时做空白试验。

(3) 计算

高锰酸钾标准滴定溶液按式 c_4 计算。

$$c_4 = \frac{m}{(V_1 - V_2) \times 0.0670}$$

式中：c_4——$\frac{1}{5}KMnO_4$ 标准滴定溶液的实际浓度，mol/L；

　　　m——基准级草酸钠的质量，g；

　　　V_1——高锰酸钾标准滴定溶液用量，mL；

　　　V_2——试剂空白试验中高锰酸钾标准滴定溶液用量，mL；

　　　0.0670——$\frac{1}{2}Na_2C_2O_4$ 的毫摩尔质量，g/mmol。

(4) 注意事项　不能在煮沸后，再补足水分到 1 000mL，因为煮沸 15min 的目的就是要在高温条件下去除水中可能存在的能被高锰酸钾氧化的还原性物质,以保证高锰酸钾溶液的稳定性和使用时浓度的准确性,煮沸后补充的水肯定达不到此要求。

6. 0.1 mol/L 草酸标准滴定溶液

(1)配制

①0.1mol/L 草酸标准滴定溶液:称取约6.4g 草酸加适量蒸馏水使之溶解并稀释至1 000mL,混匀。

②0.01mol/L 草酸标准滴定溶液:临用前取 0.1mol/L 已标定过的草酸标准滴定溶液稀释制成。

(2)标定 吸取 25.0mL 草酸标准滴定溶液,按 5.(2)自"溶于 250mL 蒸馏水中"操作。

(3)计算

草酸标准滴定溶液的浓度按式 c_5 计算。

$$c_5 = \frac{(V_1 - V_2)c}{V}$$

式中:c_5——$\frac{1}{2}H_2C_2O_4$ 标准滴定溶液的实际浓度,mol/L;

V_1——高锰酸钾标准滴定溶液用量,mL;

V_2——试剂空白实验中高锰酸钾标准滴定溶液用量,mL;

c——$\frac{1}{5}KMnO_4$ 标准滴定溶液的浓度,mol/L;

V——草酸标准滴定溶液的用量,mL。

7. 0.1 mol/L 硝酸银标准滴定溶液

(1)配制

①称取约 17.5g 硝酸银,加入适量蒸馏水使之溶解,并稀释至 1 000mL,混匀,避光保存。

②需用少量硝酸银标准滴定溶液时,可准确称取约4.3g 在硫酸干燥器中干燥至恒重的硝酸银(优级纯),加蒸馏水使之溶解,移至 250mL 容量瓶中并稀释至刻度,混匀,避光保存。

③淀粉指示剂:称取 0.5g 可溶性淀粉,加入约 5mL 蒸馏水,搅匀后缓缓倾入 100mL 沸水中,随加随搅拌,煮沸 2min,放冷,备用。此指示剂应临用时配制。

④荧光黄指示剂:称取 0.5g 荧光黄,用乙醇溶解并稀释至 100mL。

⑤0.01mol/L 或 0.02mol/L 硝酸银标准滴定溶液:临用前取 0.1mol/L 已标定过的硝酸银标准滴定溶液稀释而成。

(2)标定

①采用 7.(1)① 配制的硝酸银标准滴定溶液的标定:准确称取约 0.2g 在 270℃ 的高温炉中灼烧至恒重的基准试剂氯化钠,加入 50mL 蒸馏水使之溶解。加入 5mL 淀粉指示剂,边摇动边用硝酸银标准滴定溶液避光滴定,接近终点时,加入 3 滴荧光黄指示剂,继续滴定至混浊液由黄色变为粉红色。

②采用7.(1)②配制的硝酸银标准滴定溶液不需要标定。

(3)计算

由7.(1)①配制的硝酸银标准滴定溶液的浓度按式c_6计算。

$$c_6 = \frac{m}{V \times 0.058\ 44}$$

式中：c_6——硝酸银标准滴定溶液的实际浓度，mol/L；

　　　m——基准氯化钠的质量，g；

　　　V——硝酸银标准滴定溶液的用量，mL；

　　　0.058 44——氯化钠的毫摩尔质量，g/mmol，$M(NaCl) = 58.44$。

由7.(1)②配制的硝酸银标准滴定溶液的浓度按式c_7计算。

$$c_7 = \frac{m}{V \times 0.169\ 9}$$

式中：c_7——硝酸银标准滴定溶液的实际浓度，mol/L；

　　　m——硝酸银(优级纯)的质量，g；

　　　V——配制的硝酸银标准滴定溶液的体积，mL；

　　　0.169 9——硝酸银的毫摩尔质量，g/mmol。

(4)注意事项　实际工作中如果没有荧光黄指示剂时，可以用0.6%荧光素钠盐水溶液来作指示剂代替荧光黄指示剂。

8. 0.1mol/L $\frac{1}{2}I_2$ 标准滴定溶液

(1)配制

①称取13.5g碘，加36g碘化钾，50mL蒸馏水，溶解后加3滴盐酸及适量水并稀释至1 000mL。用垂融漏斗过滤，置于阴凉处，密闭，避光保存。

②酚酞指示剂：称取1g酚酞用乙醇溶解并稀释至100mL。

③淀粉指示剂：见7.(1)③。

④0.02 mol/L $\frac{1}{2}I_2$标准滴定溶液　临用前取已标定过的0.1mol/L $\frac{1}{2}I_2$标准滴定溶液稀释而成。

(2)标定　准确称取约0.15g在105℃干燥1L的基准三氧化二砷，加入10mL氢氧化钠(40g/L)，微热使之溶解。加入20mL水及2滴酚酞指示剂加入适量硫酸至红色消失，再加2g碳酸氢钠，50mL水及2mL淀粉指示剂，用碘标准滴定溶液滴定至溶液呈浅蓝色。

(3)计算

碘标准滴定溶液的浓度按式c_8计算。

$$c_8 = \frac{m}{V \times 0.049\ 46}$$

式中：c_8——$\frac{1}{2}I_2$标准滴定溶液的实际浓度，mol/L；

　　　m——基准三氧化二砷的质量，g；

V——碘标准溶液的用量，mL；

0.049 46——$\frac{1}{4}$三氧化二砷的毫摩尔质量，g/mmol。

9. 0.1 mol/L 硫代硫酸钠标准滴定溶液

(1) 配制

①称取 26g 硫代硫酸钠及 0.2g 碳酸钠，加入适量蒸馏水使其溶解，并稀释至 1 000mL，混匀，放置一个月后，过滤备用。

②淀粉指示剂：见 7.(1)③。

③硫酸(1+8)：吸取 10mL 硫酸，慢慢倒入 80mL 水中。

④0.01 mol/L 或 0.02 mol/L 硫代硫酸钠标准滴定溶液：临用前取 0.1mol/L 已标定过的硫代硫酸钠标准溶液，加蒸馏水稀释制成。

(2) 标定

①准确称取约 0.15g 在 120℃ 干燥至恒重的基准重铬酸钾，置于 500mL 碘量瓶中加入 50mL 蒸馏水使其溶解，加入 2g 碘化钾，轻轻振摇使其溶解。再加入 20mL 硫酸(1+8)，密塞，摇匀，放置暗处 10min 后用 250mL 水稀释。用硫代硫酸钠标准滴定溶液滴至溶液成浅黄绿色，再加入 3mL 淀粉指示剂，继续滴定至蓝色消失而显亮绿色。反应液及稀释用水的温度不应高于 20℃。

②同时做空白试验。

(3) 计算

硫代硫酸钠标准滴定溶液的浓度按式 c_9 计算。

$$c_9 = \frac{m}{(V_1 - V_2) \times 0.049\ 03}$$

式中：c_9——硫代硫酸钠标准滴定溶液的实际浓度，mol/L；

m——基准重铬酸钾的质量，g；

V_1——硫代硫酸钠标准滴定溶液的用量，mL；

V_2——空白试验中硫代硫酸钠标准滴定溶液的用量，mL；

0.049 03——$\frac{1}{6}K_2Cr_2O_7$ 的毫摩尔质量，g/mmol。

10. 乙二胺四乙酸二钠($C_{10}H_{14}N_2O_8Na_2 \cdot 2H_2O$)标准滴定溶液

(1) 配制

①0.1mol/L 乙二胺四乙酸二钠标准滴定溶液：称取 40g 乙二胺四乙酸二钠，加入 1 000mL 蒸馏水，加热使其溶解，冷却后摇匀。置于玻璃瓶中，避免与橡皮塞、橡皮管接触。

②0.05mol/L 乙二胺四乙酸二钠标准滴定溶液：按①操作，但乙二胺四乙酸二钠的量改为 20g。

③0.02mol/L 乙二胺四乙酸二钠标准滴定溶液：按①操作，但乙二胺四乙酸二钠的量改为 8g。

④0.01 mol/L 乙二胺四乙酸二钠标准滴定溶液：按①操作，但乙二胺四乙酸二钠的

量改为 4g。

⑤氨水—氯化铵缓冲液(pH10)：称取 5.4g 氯化铵，加适量蒸馏水溶解后，加入 35mL 氨水，再加蒸馏水稀释至 100mL。

⑥氨水(4+6)：量取 40mL 氨水，加蒸馏水稀释至 100mL。

⑦铬黑 T 指示剂：称取 0.1g 铬黑 T，加入 10g 氯化钠，研磨混合。

(2) 标定

①0.05 mol/L 乙二胺四乙酸二钠标准滴定溶液：准确称取约 0.4g 在 800℃±50℃ 的高温炉中灼烧至恒重的基准级氧化锌，置于小烧杯中，加入 1mL 盐酸，溶解后移入 100mL 容量瓶，加蒸馏水稀释至刻度，混匀。吸取 30~35mL 此溶液，加入 70mL 蒸馏水，用氨水(4+6)中和至 pH7~8，再加 10mL 氨水-氯化铵缓冲液(pH10)，用乙二胺四乙酸二钠标准滴定溶液滴定，接近终点时加入少许铬黑 T 指示剂，继续滴定至溶液自紫色转变为纯蓝色。

②0.02mol/L 乙二胺四乙酸二钠标准滴定溶液：按①操作，但基准级氧化锌量改为 0.16g；盐酸用量改为 0.4mL。

③0.01mol/L 乙二胺四乙酸二钠标准滴定溶液：按①操作，但容量瓶改为 200mL。

④同时做试剂空白试验。

(3) 计算

乙二胺四乙酸二钠标准滴定溶液的浓度按式 c_{10} 计算。

$$c_{10} = \frac{m}{(V_1 - V_2) \times 0.08138}$$

式中：c_{10}——乙二胺四乙酸二钠标准滴定溶液的实际浓度，mol/L；

m——用于滴定的基准级氧化锌的质量，mg；

V_1——乙二胺四乙酸二钠标准滴定溶液的用量，mL；

V_2——试剂空白试验中乙二胺四乙酸二钠标准滴定溶液的用量，mL；

0.08138——氧化锌的毫摩尔质量，g/mmol，$M(ZnO) = 81.39$。

11. 氯化锌标准滴定溶液

(1) 配制　称取 1.4g 经硝酸镁饱和溶液恒湿器中放置 7d 后的基准试剂乙二胺四乙酸二钠(EDTA)，溶于 100mL 热水中，加 10mL 氨-氯化铵缓冲溶液甲(pH≈10)，用配置好的氯化锌溶液滴定，近终点时加 5 滴铬黑 T 指示剂(5g/L)，继续滴定至溶液由蓝色变为紫红色。同时做空白试验。

(2) 计算

氯化锌标准滴定溶液的浓度按式 c_{11} 计算。

$$c_{11} = \frac{m}{(V_1 - V_2)M}$$

式中：c_{11}——氯化锌标准滴定溶液的浓度，mol/L；

m——乙二胺四乙酸二钠的质量，mg；

V_1——氯化锌溶液的体积，mL；

V_2——空白试验氯化锌溶液的体积，mL；

M——乙二胺四乙酸二钠的摩尔质量,g/mol,$M(\text{EDTA})=372.24$。

12. 亚硝酸钠标准滴定溶液

(1)配制

①0.5mol/L 亚硝酸钠标准滴定溶液:称取 36g 亚硝酸钠,0.5g 氢氧化钠,1g 无水碳酸钠,溶于 1 000mL 蒸馏水中,摇匀备用。

②0.1mol/L 亚硝酸钠标准滴定溶液:按①操作,但亚硝酸钠的量改为 7.2g,氢氧化钠的量改为 0.2g,无水碳酸钠的量改为 0.2g。

(2)标定 称取 120℃±2℃ 干燥至恒重的基准试剂无水对氨基苯磺酸,加氨水溶解,加 200mL 蒸馏水及 20mL 盐酸,安装好电极和测量仪表。将装有配制好的相应浓度的亚硝酸钠溶液的滴管下口插入溶液内约 10mm 处,在搅拌下于 15~20℃ 进行滴定,近终点时,将滴管的尖端提出液面,用少量水淋洗尖端,洗液并入溶液中,继续慢慢滴定,并观察检流计读数和指针偏转情况,直至加入滴定液搅拌后电流突增,并不在回复时为滴定终点。临用前标定。

(3)计算

亚硝酸钠标准滴定溶液的浓度按式 c_{12} 计算。

$$c_{12} = \frac{m}{VM}$$

式中:c_{12}——亚硝酸钠标准滴定溶液的浓度,mol/L;

m——无水对氨基苯磺酸的质量,mg;

V——亚硝酸钠溶液的体积,mL;

M——无水对氨基苯磺酸的摩尔质量,g/mol,$M[\text{C}_6\text{H}_4(\text{NH}_2)(\text{SO}_3\text{H})]=173.19$。

13. 0.1mol/L 重铬酸钾标准溶液

(1)配制 称取 5g 重铬酸钾,溶于 1 000mL 蒸馏水中,摇匀。

(2)标定 量取 30.00~35.00mL 配制好的重铬酸钾溶液,置于碘量瓶中,加入 2g 碘化钾及 20mL 硫酸溶液(20%),摇匀,于暗处放置 10min。加 150mL 水,用硫代硫酸钠标准溶液 $[c(\text{Na}_2\text{S}_2\text{O}_3)=0.1\text{mol/L}]$ 滴定,近终点时加 3mL 淀粉指示剂(5g/L),继续滴定至溶液由蓝色变为亮绿色。同时做空白试验。

(3)计算

重铬酸钾标准溶液浓度按式 c_{13} 计算。

$$c_{13} = \frac{(V_1 - V_2)c_1}{V}$$

式中:c_{13}——$\frac{1}{6}\text{K}_2\text{Cr}_2\text{O}_7$ 标准溶液的物质的量浓度,mol/L;

V_1——硫代硫酸钠标准溶液的用量,mL;

V_2——空白试验硫代硫酸钠标准溶液的用量,mL;

c_1——硫代硫酸钠标准溶液的物质的量浓度,mol/L;

V——重铬酸钾溶液的用量,mL。

14. 碘酸钾标准滴定溶液

（1）配制

①0.3mol/L 碘酸钾标准溶液：称取 11g 碘酸钾溶于 1 000mL 蒸馏水中，摇匀。

②0.1mol/L 碘酸钾标准溶液：称取 3.6g 碘酸钾溶于 1 000mL 蒸馏水中，摇匀。

（2）标定

①0.3mol/L 碘酸钾标准溶液的标定：量取 11.00~13.00mL 的碘酸钾溶液，置于碘量瓶中，加入 20mL 蒸馏水及 3g 碘化钾，后加 5mL 盐酸溶液（20%），摇匀，于暗处放置 5min。加 150mL 水，用硫代硫酸钠标准溶液[$c(Na_2S_2O_3)=0.1mol/L$]滴定，近终点时加 3mL 淀粉指示液（5g/L），继续滴定至溶液蓝色消失。同时做空白试验。

②0.1mol/L 碘酸钾标准溶液的标定：按①方法标定，但是量取 30.00~35.00mL 碘酸钾溶液，0mL 蒸馏水，加入 2g 碘化钾。

（3）计算

碘酸钾标准滴定溶液浓度按式 c_{14} 计算。

$$c_{14} = \frac{(V_1 - V_2)c_1}{V}$$

式中：c_{14}——$\frac{1}{6}KIO_3$ 标准溶液物质的量浓度，mol/L；

V_1——硫代硫酸钠标准溶液的用量，mL；

V_2——空白试验硫代硫酸钠标准溶液用量，mL；

c_1——硫代硫酸钠标准溶液物质的量浓度，mol/L；

V——碘酸钾溶液用量，mL。

15. 1 000mg/L 钠标准溶液

称取 2.542g 氯化钠（400~500℃灼烧）溶于适量水中，加水稀释至 1L。

16. 100mg/L 钙标准溶液

称取 0.249 8g 碳酸钙（110℃烘干），溶于 40mL 2mol/L 的盐酸中，加热煮沸除去二氧化碳，冷却后，加水稀释至 1L。

17. 1000mg/L 锌标准溶液

溶解 1.00g 金属锌于 15mL 盐酸中，加水稀释至 1L。

18. 0.1mg/mL 铁标准溶液

溶解 0.863 5g $NH_4Fe(SO_4)_2 \cdot 12H_2O$ 于含有 5mL 浓硫酸的水中，加水稀释至 1L。工作溶液用 0.005mol/L 硫酸稀释。

19. 1mg/mL 铜标准溶液

溶解 3.928g $CuSO_4 \cdot 5H_2O$ 于含有 1mL 浓硫酸的水中，加水稀释至 1L。

20. 铵标准溶液

称取 0.29g 于 105~110℃干燥至恒重的氯化铵溶于水，移入 1 000mL 容量瓶中，稀释至刻度，此溶液 1mL 含 0.1mg 铵。吸取此溶液 10mL 移入 100mL 容量瓶中，并稀释至刻度，此溶液为 1mL 含 0.01mg 铵标准溶液。

21. 碳酸钠标准滴定溶液

(1) 配制

① 1mol/L 碳酸钠标准溶液：称取 53g 无水碳酸钠，溶于 1 000mL 蒸馏水中，摇匀。

② 0.1 mol/L 碳酸钠标准溶液：按①方法配制，但无水碳酸钠称取量改为 5.3g。

(2) 标定

① 1mol/L 碳酸钠标准溶液的标定：量取 30.00~35.00mL 1mol/L 的碳酸钠标准溶液，加入 50mL 蒸馏水，再加入 10 滴溴甲酚绿 – 甲基红混合指示液，用 1mol/L 的盐酸标准溶液滴定至溶液由绿色变为暗红色，煮沸 2min，冷却后 继续滴定至溶液再呈暗红色。

② 0.1mol/L 碳酸钠标准溶液的标定：方法同①，但加蒸馏水量为 20mL，用 0.1mol/L 的盐酸溶液标定。

(3) 计算

碳酸钠标准溶液浓度按式 c_{21} 计算。

$$c_{21} = \frac{V_1 c_1}{V}$$

式中：c_{21}——$\frac{1}{2}H_2SO_4$ 标准溶液物质的量浓度，mol/L；

V_1——盐酸标准溶液的用量，mL；

c_1——盐酸标准溶液的物质的量浓度，mol/L；

V——碳酸钠溶液的用量，mL。

附录3　常用洗涤液的配制和使用方法

1. 重铬酸钾-浓硫酸溶液(100g/L)(洗液)

称取化学纯重铬酸钾100g于烧杯中,加入100mL蒸馏水,微加热,使其溶解。把烧杯放于水盆中冷却后,慢慢加入化学纯硫酸,边加边用玻璃棒搅动,防止硫酸溅出,刚开始有沉淀析出,硫酸加到一定量沉淀可溶解,加硫酸至溶液总体积为1 000mL。

该洗液是强氧化剂,但氧化作用比较慢,直接接触器皿数分钟至数小时才有作用,取出后要用自来水充分冲洗器皿7~10次,最后用纯水淋洗3次。

2. 肥皂洗涤液、碱洗涤液、合成洗涤剂洗涤液

配制一定浓度,主要用于油脂和有机物的洗涤。

3. 氢氧化钾-乙醇洗涤液(100g/L)

取100g氢氧化钾,用50mL蒸馏水溶解后,加工业乙醇至1L,它适用洗涤油垢、树脂等。

4. 酸性草酸或酸性羟胺洗涤液

称取10g草酸或1g盐酸羟胺,溶于10mL盐酸(1+4)中。该洗液洗涤氧化性物质。对沾污在器皿上的氧化剂,酸性草酸作用较慢,羟胺作用快且易洗净。

5. 硝酸洗涤液

常用浓度(1+9)或(1+4),主要用于浸泡清洗测定金属离子的器皿。一般浸泡过夜,取出用自来水冲洗,再用去离子水或双蒸水冲洗。洗涤后玻璃仪器应防止二次污染。

6. 硝酸-盐酸洗涤液

硝酸(1+1)与盐酸(1+1)等量混合。主要用于微量元素测定玻璃仪器的洗涤。

附录4 常用数据表

一、实验室常用标准缓冲液的配制

(一)标准缓冲液的配制

1. pH 4.01(25℃),苯二甲酸氢钾缓冲液

称取110℃烘干的分析纯苯二甲酸氢钾($KHC_8H_4O_4$)10.21g,溶于蒸馏水中并稀释至1L。

2. pH 6.86(25℃),磷酸型缓冲液

称取110℃烘干的分析纯磷酸二氢钾(KH_2PO_4)3.40g和分析纯磷酸氢二钾(K_2HPO_4)3.55g,溶于脱除二氧化碳的蒸馏水中并稀释至1L。

3. pH 9.18(25℃),硼砂缓冲液

称取3.18g 110℃烘干的分析纯硼酸钠($Na_2B_4O_7 \cdot 10H_2O$),溶于1L脱除二氧化碳的蒸馏水中。

(二)常用缓冲液的配制方法

附表4-1 甘氨酸-HCl 缓冲液(0.05mol/L)　　　　　　　　　　　mL

pH	0.2mol/L 甘氨酸	0.2mol/L HCl	pH	0.2mol/L 甘氨酸	0.2mol/L HCl
2.2	50	44.0	3.0	50	11.4
2.4	50	32.4	3.2	50	8.2
2.6	50	24.2	3.4	50	6.4
2.8	50	16.8	3.6	50	5.0

注:甘氨酸相对分子质量为75.07,0.2mol/L 甘氨酸溶液含15.01g/L。溶液加水稀释至200mL。

附表4-2 邻苯二甲酸-HCl 缓冲液(0.05mol/L)　　　　　　　　　mL

pH(20℃)	0.2mol/L 邻苯二甲酸氢钾	0.2mol/L HCl	pH(20℃)	0.2mol/L 邻苯二甲酸氢钾	0.2mol/L HCl	pH(20℃)	0.2mol/L 邻苯二甲酸氢钾	0.2mol/L HCl
2.2	5	4.670	2.8	5	2.642	3.4	5	0.990
2.4	5	3.960	3.0	5	2.032	3.6	5	0.597
2.6	5	3.295	3.2	5	1.470	3.8	5	0.263

注:邻苯二甲酸氢钾相对分子质量为204.23,0.2mol/L 邻苯二甲酸氢钾溶液含40.85g/L。溶液加水稀释至20mL。

附表4-3 Na_2HPO_4-柠檬酸缓冲液   mL

pH	0.2mol/L Na_2HPO_4	0.1mol/L 柠檬酸	pH	0.2mol/L Na_2HPO_4	0.1mol/L 柠檬酸	pH	0.2mol/L Na_2HPO_4	0.1mol/L 柠檬酸
2.2	0.40	19.60	4.2	8.28	11.72	6.2	13.22	6.78
2.4	1.24	18.76	4.4	8.82	11.18	6.4	13.85	6.15
2.6	2.18	17.82	4.6	9.35	10.65	6.6	14.55	5.45
2.8	3.17	16.83	4.8	9.86	10.14	6.8	15.45	4.55
3.0	4.11	15.89	5.0	10.30	9.70	7.0	16.47	3.53
3.2	4.94	15.06	5.2	10.72	9.28	7.2	17.39	2.61
3.4	5.70	14.30	5.4	11.15	8.85	7.4	18.17	1.83
3.6	6.44	13.56	5.6	11.60	8.40	7.6	18.73	1.27
3.8	7.10	12.90	5.8	12.09	7.91	7.8	19.15	0.85
4.0	7.71	12.29	6.0	12.63	7.37	8.0	19.45	0.55

注：$Na_2HPO_4 \cdot 2H_2O$ 相对分子质量为178.05，0.2mol/L溶液含35.61g/L；柠檬酸·H_2O 相对分子质量为210.14，0.1mol/L溶液含21.01g/L。

附表4-4 柠檬酸-柠檬酸钠缓冲液(0.1mol/L)   mL

pH	0.1mol/L 柠檬酸	0.1mol/L 柠檬酸三钠	pH	0.1mol/L 柠檬酸	0.1mol/L 柠檬酸三钠
3.0	18.6	1.4	5.0	8.2	11.8
3.2	17.2	2.8	5.2	7.3	12.7
3.4	16.0	4.0	5.4	6.4	13.6
3.6	14.9	5.1	5.6	5.5	14.5
3.8	14.0	6.0	5.8	4.7	15.3
4.0	13.1	6.9	6.0	3.8	16.2
4.2	12.3	7.7	6.2	2.8	17.2
4.4	11.4	8.6	6.4	2.0	18.0
4.6	10.3	9.7	6.6	1.4	18.6
4.8	9.2	10.8			

注：柠檬酸·H_2O 相对分子质量为210.14，0.1mol/L溶液含21.0g/L；柠檬酸三钠·$2H_2O$ 相对分子质量为294.12，0.1mol/L溶液含29.4g/L。

附表4-5 醋酸缓冲液(0.2mol/L)   mL

pH(18℃)	0.2mol/L NaAc	0.2mol/L HAc	pH(18℃)	0.2mol/L NaAc	0.2mol/L HAc
3.6	0.75	9.25	4.8	5.90	4.10
3.8	1.20	8.80	5.0	7.00	3.00
4.0	1.80	8.20	5.2	7.90	2.10
4.2	2.65	7.35	5.4	8.60	1.40
4.4	3.70	6.30	5.6	9.10	0.90
4.6	4.90	5.10	5.8	9.40	0.60

注：$NaAc \cdot 3H_2O$ 相对分子质量为136.0，0.2mol/L溶液含27.22g/L。

附表 4-6　磷酸缓冲液(0.2mol/L)　　　　　　　　　　　　　　　　　　mL

pH	0.2mol/L Na$_2$HPO$_4$	0.2mol/L NaH$_2$PO$_4$	pH	0.2mol/L Na$_2$HPO$_4$	0.2mol/L NaH$_2$PO$_4$
5.8	8.0	92	7.2	72.0	28.0
6.0	12.3	87.7	7.4	81.0	19.0
6.2	18.5	81.5	7.5	84.0	16.0
6.4	26.5	73.5	7.6	87.0	13.0
6.6	37.5	62.5	7.8	91.5	8.5
6.8	49.0	51.0	8.0	94.7	5.3
7.0	61.0	39.0			

注：Na$_2$HPO$_4$·2H$_2$O 相对分子质量为 178.05，0.2mol/L 溶液含 35.61g/L；Na$_2$HPO$_4$·12H$_2$O 相对分子质量为 358.22，0.2mol/L 溶液含 71.64g/L；Na$_2$HPO$_4$·H$_2$O 相对分子质量为 138.0，0.2mol/L 溶液含 27.6g/L；Na$_2$HPO$_4$·2H$_2$O 相对分子质量为 156.03，0.2mol/L 溶液含 31.21g/L。

附表 4-7　KH$_2$PO$_4$-NaOH 缓冲液(0.05mol/L)　　　　　　　　　　　mL

pH(20℃)	0.2mol/L KH$_2$PO$_4$	0.2mol/L NaOH	pH(20℃)	0.2mol/L KH$_2$PO$_4$	0.2mol/L NaOH
5.8	5	0.372	7.0	5	2.963
6.0	5	0.570	7.2	5	3.500
6.2	5	0.860	7.4	5	3.950
6.4	5	1.260	7.6	5	4.280
6.6	5	1.780	7.8	5	4.520
6.8	5	2.365	8.0	5	4.680

注：溶液加水稀释至 20mL。

附表 4-8　巴比妥缓冲液　　　　　　　　　　　　　　　　　　　　mL

pH(18℃)	0.04mol/L 巴比妥钠盐	0.2mol/L HCl	pH(18℃)	0.04mol/L 巴比妥钠盐	0.2mol/L HCl
6.8	100	18.4	8.4	100	5.21
7.0	100	17.8	8.6	100	3.82
7.2	100	16.7	8.8	100	2.52
7.4	100	15.3	9.0	100	1.65
7.6	100	13.4	9.2	100	1.13
7.8	100	11.47	9.4	100	0.70
8.0	100	9.39	9.6	100	0.35
8.2	100	7.21			

注：巴比妥钠盐相对分子质量为 206.2，0.04mol/L 溶液含 8.25g/L。

附表 4-9　碳酸钠-碳酸氢钠缓冲液(0.1mol/L)　　　　　　　　　　　　　　　　　　　mL

pH 20℃	pH 37℃	0.1mol/L Na_2CO_3	0.1mol/L $NaHCO_3$	pH 20℃	pH 37℃	0.1mol/L Na_2CO_3	0.1mol/L $NaHCO_3$
9.16	8.77	1	9	10.14	9.90	6	4
9.40	9.12	2	8	10.28	10.08	7	3
9.51	9.40	3	7	10.53	10.28	8	2
9.78	9.50	4	6				
9.90	9.72	5	5	10.83	10.57	9	1

注：1. $Na_2CO_3 \cdot 10H_2O$ 相对分子质量为 286.2，0.1mol/L 溶液含 28.62g/L；Na_2HCO_3 相对分子质量为 84.0，0.1mol/L 溶液含 8.40g/L。

2. Ca^{2+}，Mg^{2+} 存在时不得使用。

附表 4-10　Tris 缓冲液(0.05mol/L)　　　　　　　　　　　　　　　　　　　　　　mL

pH 23℃	pH 37℃	0.2mol/L Tris	0.1mol/L HCl	pH 23℃	pH 37℃	0.2mol/L Tris	0.1mol/L HCl
9.10	8.95	25	5	8.05	7.90	25	27.5
8.92	8.78	25	7.5	7.96	7.82	25	30.0
8.74	8.60	25	10.0	7.87	7.73	25	32.5
8.62	8.48	25	12.5	7.77	7.63	25	35.0
8.50	8.37	25	15.0	7.66	7.52	25	37.5
8.40	8.27	25	17.5	7.54	7.40	25	40.0
8.32	8.18	25	20.0	7.36	7.22	25	42.5
8.23	8.10	25	22.5	7.20	7.05	25	45.0
8.14	8.00	25	25.0				

注：三羟甲基氨基甲烷 (HOCH$_2$)$_3$CNH$_2$ 相对分子质量为 121.14，0.2mol/L 溶液含 24.23g/L。x mL 0.2mol/L 三羟甲基氨基甲烷加 y mL 0.1mol/L HCl 加水稀释至 100mL。

附表 4-11　硼酸缓冲液(0.2mol/L 硼酸盐)　　　　　　　　　　　　　　　　　　　mL

pH	0.05mol/L 硼砂	0.2mol/L 硼酸	pH	0.05mol/L 硼砂	0.2mol/L 硼酸
7.4	1.0	9.0	8.2	3.5	6.5
7.6	1.5	8.5	8.4	4.5	5.5
7.8	2.0	8.0	8.7	6.0	4.0
8.0	3.0	7.0	9.0	8.0	2.0

注：1. 硼砂 $Na_2B_4O_7 \cdot 10H_2O$ 相对分子质量为 381.43，0.05mol/L 硼砂溶液中含 19.07g/L 硼砂；硼酸相对分子质量为 61.84，0.2mol/L 溶液含硼酸 12.37g/L。

2. 硼砂易失去结晶水，必须放带塞的瓶中保存，硼砂溶液也可以用半中和的硼酸溶液代替。

附表 4-12　甘氨酸-NaOH 缓冲液(0.05mol/L)　　　　　　　　mL

pH	0.2mol/L 甘氨酸	0.2mol/L NaOH	pH	0.2mol/L 甘氨酸	0.2mol/L NaOH
8.6	50	4.0	9.6	50	22.4
8.8	50	6.0	9.8	50	27.2
9.0	50	8.8	10.0	50	32.0
9.2	50	12.0	10.4	50	38.6
9.4	50	16.8	10.6	50	45.5

注：甘氨酸相对分子质量为 75.07，0.2mol/L 溶液含 15.01g/L。溶液加水稀释至 200mL。

附表 4-13　硼砂-NaOH 缓冲液(0.05mol/L 硼酸根)　　　　　　　　mL

pH	0.05mol/L 硼砂	0.2mol/L NaOH	pH	0.05mol/L 硼砂	0.2mol/L NaOH
9.3	50	0.0	9.8	50	34.0
9.4	50	11.0	10.0	50	43.0
9.6	50	23.0	10.1	50	46.0

注：溶液加水稀释至 200mL。

二、常用标准缓冲溶液 pH 值(0~60℃)

附表 4-14　常用标准缓冲溶液 pH 值(0~60℃)　　　　　　　　mL

温度/℃	0.05mol/L 草酸氢钾	25℃饱和酒石酸氢钾	0.05mol/L 邻苯二甲酸氢钾	0.25mol/L 磷酸二氢钾+0.025mol/L 磷酸氢二钠	0.008 695mol/L 磷酸二氢钾+0.030 43mol/L 磷酸氢二钠	0.01mol/L 硼砂	25℃饱和氢氧化钙
0	1.666		4.003	6.984	7.534	9.464	13.423
5	1.668		3.999	6.951	7.500	9.395	13.207
10	1.670		3.998	6.923	7.472	9.332	13.003
15	1.672		3.999	6.900	7.448	9.276	12.810
20	1.675		4.002	6.881	7.429	9.225	12.627
25	1.679	3.557	4.008	6.865	7.413	9.180	12.454
30	1.683	3.552	4.015	6.853	7.400	9.139	12.289
35	1.688	3.549	4.024	6.844	7.389	9.102	12.133
38	1.691	3.548	4.030	6.840	7.384	9.081	12.043
40	1.694	3.547	4.035	6.838	7.380	9.068	11.984
45	1.700	3.547	4.047	6.834	7.373	9.0038	11.841
50	1.707	3.549	4.060	6.883	7.367	9.011	11.705
55	1.715	3.554	4.075	6.834		8.985	11.574
60	1.723	3.560	4.091	6.836		8.962	11.449

三、常用酸碱指示剂及酸碱滴定指示剂的选择

附表 4-15　常用酸碱指示剂

序号	名称	pH 变色范围	酸色	碱色	pK_a	浓度
1	甲基紫(第一次变色)	0.13~0.5	黄	绿	0.8	0.1%水溶液
2	甲酚红(第一次变色)	0.2~1.8	红	黄	—	0.04%乙醇(50%)溶液
3	甲基紫(第二次变色)	1.0~1.5	绿	蓝	—	0.1%水溶液
4	百里酚蓝(第一次变色)	1.2~2.8	红	黄	1.65	0.1%乙醇(20%)溶液
5	茜素黄 R (第一次变色)	1.9~3.3	红	黄	—	0.1%水溶液
6	甲基紫(第三次变色)	2.0~3.0	蓝	紫	—	0.1%水溶液
7	甲基黄	2.9~4.0	红	黄	3.3	0.1%乙醇(90%)溶液
8	溴酚蓝	3.0~4.6	黄	蓝	3.85	0.1%乙醇(20%)溶液
9	甲基橙	3.1~4.4	红	黄	3.40	0.1%水溶液
10	溴甲酚绿	3.8~5.4	黄	蓝	4.68	0.1%乙醇(20%)溶液
11	甲基红	4.4~6.2	红	黄	4.95	0.1%乙醇(60%)溶液
12	溴百里酚蓝	6.0~7.6	黄	蓝	7.1	0.1%乙醇(20%)
13	中性红	6.8~8.0	红	黄	7.4	0.1%乙醇(60%)溶液
14	酚红	6.8~8.0	黄	红	7.9	0.1%乙醇(20%)溶液
15	甲酚红(第二次变色)	7.2~8.8	黄	红	8.2	0.04%乙醇(50%)溶液
16	百里酚蓝(第二次变色)	8.0~9.6	黄	蓝	8.9	0.1%乙醇(20%)溶液
17	酚酞	8.2~10.0	无色	紫红	9.4	0.1%乙醇(60%)溶液
18	百里酚酞	9.4~10.6	无色	蓝	10.0	0.1%乙醇(90%)溶液
19	茜素黄 R (第二次变色)	10.1~12.1	黄	紫	11.16	0.1%水溶液
20	靛胭脂红	11.6~14.0	蓝	黄	12.2	25%乙醇(50%)溶液

注：指示剂通常以 0.1mol/L NaOH 或 0.1mol/L HCl 调节至中间色调。

附表 4-16　常用混合酸碱指示剂

序号	指示剂名称	浓度	组成	变色点	酸色	碱色
1	甲基黄	0.1%乙醇溶液	1:1	3.28	蓝紫	绿
	亚甲基蓝	0.1%乙醇溶液				
2	甲基橙	0.1%水溶液	1:1	4.3	紫	绿
	苯胺蓝	0.1%水溶液				
3	溴甲酚绿	0.1%乙醇溶液	3:1	5.1	酒红	绿
	甲基红	0.2%乙醇溶液				
4	溴甲酚绿钠盐	0.1%水溶液	1:1	6.1	黄绿	蓝紫
	氯酚红钠盐	0.1%水溶液				
5	中性红	0.1%乙醇溶液	1:1	7.0	蓝紫	绿
	亚甲基蓝	0.1%乙醇溶液				

(续)

序号	指示剂名称	浓度	组成	变色点	酸色	碱色
6	中性红	0.1%乙醇溶液	1:1	7.2	玫瑰	绿
	溴百里酚蓝	0.1%乙醇溶液				
7	甲酚红钠盐	0.1%水溶液	1:3	8.3	黄	紫
	百里酚蓝钠盐	0.1%水溶液				
8	酚酞	0.1%乙醇溶液	1:2	8.9	绿	紫
	甲基绿	0.1%乙醇溶液				
9	酚酞	0.1%乙醇溶液	1:1	9.9	无色	紫
	百里酚酞	0.1%乙醇溶液				
10	百里酚酞	0.1%乙醇溶液	2:1	10.2	黄	绿
	茜素黄	0.1%乙醇溶液				

注：混合酸碱指示剂要保存在深色瓶中。

附表 4-17　酸碱滴定指示剂的选择

酸	碱或盐	等电点	突跃范围	指示剂	变色范围
强	强碱	pH = 7	pH = 4.3 ~ 9.7	酚酞 甲基橙 中性红	8 ~ 10 3.1 ~ 4.4 6.8 ~ 8
弱	强碱	pH = 8.7	pH = 7.7 ~ 9.7	酚酞	8 ~ 10
强	弱碱	pH = 5.3	pH = 6.3 ~ 4.3	甲基橙	3.1 ~ 4.4
多元	强碱	第一：pH = 4.7 第二：pH = 9.7		甲基橙 酚酞	3.1 ~ 4.4 8 ~ 10
强	盐(Na$_2$CO$_3$)	第一：pH = 8.3 第二：pH = 3.9		酚酞 甲基橙	8 ~ 10 3.1 ~ 4.4

附表 4-18　常用氧化还原指示剂

序号	名称	氧化型颜色	还原型颜色	E_{ind}(V)	浓度
1	二苯胺	紫	无色	+0.76	1%浓硫酸溶液
2	二苯胺磺酸钠	紫红	无色	+0.84	0.2%水溶液
3	亚甲基蓝	蓝	无色	+0.532	0.1%水溶液
4	中性红	红	无色	+0.24	0.1%乙醇溶液
5	喹啉黄	无色	黄	—	0.1%水溶液
6	淀粉	蓝	无色	+0.53	0.1%水溶液
7	孔雀绿	棕	蓝	—	0.05%水溶液
8	劳氏紫	紫	无色	+0.06	0.1%水溶液
9	邻二氮菲-亚铁	浅蓝	红	+1.06	(1.485g 邻二氮菲 + 0.695g 硫酸亚铁)溶于100mL水
10	酸性绿	橘红	黄绿	+0.96	0.1%水溶液
11	专利蓝V	红	黄	+0.95	0.1%水溶液

附表 4-19 常用吸附指示剂

序号	名称	被滴定离子	滴定剂	起点颜色	终点颜色	浓度
1	荧光黄	Cl^-，Br^-，SCN^-	Ag^+	黄绿	玫瑰	0.1% 乙醇溶液
		I^-			橙	
2	二氯(P)荧光黄	Cl^-，Br^-	Ag^+	红紫	蓝紫	0.1% 乙醇 (60%~70%) 溶液
		SCN^-		玫瑰	红紫	
		I^-		黄绿	橙	
3	曙红	Br^-，I^-，SCN^-	Ag^+	橙	深红	0.5% 水溶液
		Pb^{2+}	MoO_4^{2-}	红紫	橙	
4	溴酚蓝	Cl^-，Br^-，SCN^-	Ag^+	黄	蓝	0.1% 钠盐水溶液
		I^-		黄绿	蓝绿	
		TeO_3^{2-}		紫红	蓝	
5	溴甲酚绿	Cl^-	Ag^+	紫	浅蓝绿	0.1% 乙醇溶液（酸性）
6	二甲酚橙	Cl^-	Ag^+	玫瑰	灰蓝	0.2% 水溶液
		Br^-，I^-			灰绿	
7	罗丹明 6G	Cl^-，Br^-	Ag^+	红紫	橙	0.1% 水溶液
		Ag^+	Br^-	橙	红紫	
8	品红	Cl^-	Ag^+	红紫	玫瑰	0.1% 乙醇溶液
		Br^-，I^-		橙		
		SCN^-		浅蓝		
9	刚果红	Cl^-，Br^-，I^-	Ag^+	红	蓝	0.1% 水溶液
10	茜素红 S	SO_4^{2-}	Ba^{2+}	黄	玫瑰红	0.4% 水溶液
		$[Fe(CN)_6]^{4-}$	Pb^{2+}			
11	偶氮氯膦Ⅲ	SO_4^{2-}	Ba^{2+}	红	蓝绿	—
12	甲基红	F^-	Ce^{3+}	黄	玫瑰红	—
			$Y(NO_3)_3$			
13	二苯胺	Zn^{2+}	$[Fe(CN)_6]^{4-}$	蓝	黄绿	1% 的硫酸(96%)溶液
14	邻二甲氧基联苯胺	Zn^{2+}，Pb^{2+}	$[Fe(CN)_6]^{4-}$	紫	无色	1% 的硫酸溶液
15	酸性玫瑰红	Ag^+	MoO_4^{2-}	无色	紫红	0.1% 水溶液

四、常用酸碱浓度表

附表4-20 常用酸碱浓度表(市售商品)

试剂名称	相对分子质量	含量/%(质量分数)	相对密度	浓度/(mol/L)
冰乙酸	60.05	99.5	1.05(约)	17(CH_3COOH)
乙酸	60.05	36	1.04	6.3(CH_3COOH)
甲酸	46.02	90	1.20	23($HCOOH$)
盐酸	36.5	36~38	1.18(约)	12(HCl)
硝酸	63.02	65~68	1.4	16(HNO_3)
高氯酸	100.5	70	1.67	12($HClO_4$)
磷酸	98.0	85	1.70	15(H_3PO_4)
硫酸	98.1	96~98	1.84(约)	18(H_2SO_4)
氨水	17.0	25~28	0.8~8(约)	15($NH_3 \cdot H_2O$)

五、酒精度与温度校正表

附表4-21 酒精度与温度校正表

溶液温度/℃	酒精计示值									
	15.5	16.0	16.5	17.0	17.5	18.0	18.5	19.0	19.5	20.0
	温度为20℃时用体积分数表示的酒精浓度/%									
0	19.7	20.5	21.3	22.0	22.8	23.6	24.3	25.1	25.8	26.5
1	19.6	20.3	21.1	21.8	22.6	23.3	24.0	24.7	25.4	26.1
2	19.4	20.1	20.8	21.6	23.3	23.0	23.7	24.4	25.1	25.8
3	19.2	19.9	20.6	21.4	23.0	22.7	23.4	24.1	24.8	25.5
4	19.0	19.7	20.4	21.1	22.7	22.5	23.1	23.8	24.4	25.1
5	18.8	19.5	20.2	20.9	22.2	22.2	22.8	23.4	24.1	24.7
6	18.6	19.3	19.9	20.6	21.9	21.9	22.5	23.2	23.8	24.4
7	18.4	19.1	19.7	20.4	21.6	21.6	22.2	22.8	23.4	24.1
8	18.2	18.9	19.5	20.1	21.3	21.3	21.9	22.6	23.2	23.8
9	18.0	18.6	19.2	19.9	21.1	21.1	21.7	22.3	22.8	23.4
10	17.8	18.4	19.0	19.6	20.8	20.8	21.4	22.0	22.5	23.1
11	17.6	18.2	18.8	19.4	20.5	20.5	21.1	21.7	22.2	22.8
12	17.4	18.0	18.5	19.1	20.2	20.2	20.8	21.4	21.9	22.5
13	17.2	17.7	18.3	18.8	20.0	20.0	20.5	21.1	21.6	22.2
14	16.9	17.5	18.0	18.6	19.7	19.7	20.22	20.8	21.3	21.9
15	16.7	17.2	17.8	18.3	19.4	19.4	20.0	20.5	21.0	21.6
16	16.5	17.0	17.5	18.1	19.2	19.2	19.7	20.2	20.7	21.6

（续）

溶液温度/℃	酒精计示值									
	15.5	16.0	16.5	17.0	17.5	18.0	18.5	19.0	19.5	20.0
	温度为20℃时用体积分数表示的酒精浓度/%									
17	16.2	16.8	17.3	17.8	18.9	18.9	19.4	19.9	20.4	20.9
18	16.0	16.5	17.0	17.6	18.6	18.6	19.1	19.6	20.1	20.6
19	15.8	16.3	16.8	17.3	18.3	18.3	18.8	19.3	19.8	20.3
20	15.5	16.0	16.5	17.0	18.0	18.0	18.5	19.0	19.5	20.0
21	15.2	15.7	16.2	16.7	17.7	17.7	18.2	18.7	19.2	19.7
22	15.0	15.5	16.0	16.5	17.4	17.4	17.9	18.4	18.9	19.4
23	14.7	15.2	15.7	16.2	17.1	17.1	17.6	18.1	18.6	19.0
24	14.5	15.0	15.4	15.9	16.9	16.9	17.3	17.8	18.3	18.7
25	14.2	14.7	15.2	15.6	16.6	16.6	17.0	17.5	18.0	18.4
26	14.0	14.4	14.9	15.4	16.3	16.3	16.7	17.2	17.6	18.1
27	13.7	14.2	14.6	15.1	16.0	16.0	16.4	16.9	17.3	17.6
28	13.4	13.9	14.4	14.8	15.7	15.7	16.1	16.6	17.0	17.5
29	13.2	13.6	14.1	14.5	15.4	15.4	15.8	16.3	16.7	17.2
30	12.9	13.4	13.8	14.2	15.1	15.1	15.5	16.0	16.4	16.8
溶液温度/℃	酒精计示值									
	20.5	21.0	21.5	22.0	22.5	23.0	23.5	24.0	24.5	25.0
	温度为20℃时用体积分数表示的酒精浓度/%									
0	27.2	27.9	28.6	29.2	29.9	30.6	31.2	31.8	32.4	33.0
1	26.8	27.5	28.2	28.8	29.5	30.1	30.7	31.4	32.0	32.6
2	26.4	27.1	27.8	28.4	29.0	29.7	30.3	30.9	31.5	32.2
3	26.1	26.8	27.4	28.0	28.6	29.3	29.9	30.5	31.1	21.7
4	25.7	26.4	27.0	27.6	28.2	28.9	29.5	30.1	30.7	31.3
5	25.4	26.0	26.6	27.2	27.8	28.5	29.1	29.7	30.5	30.8
6	25.0	25.6	26.2	26.9	27.5	28.1	28.7	29.3	29.8	30.4
7	24.7	25.3	25.9	26.5	27.1	27.7	28.3	28.9	29.4	30.0
8	24.3	24.9	25.5	26.1	26.7	27.3	27.9	28.5	29.0	29.6
9	24.0	24.6	25.2	25.8	26.3	26.9	27.5	28.1	28.6	29.2
10	23.7	24.3	24.8	25.4	26.0	26.6	27.1	27.7	28.2	28.8
11	23.4	23.9	24.5	25.0	25.6	26.2	26.7	27.3	27.8	28.4
12	23.0	23.6	24.2	24.7	25.3	25.8	26.4	26.9	27.4	28.0
13	22.7	23.3	23.8	24.4	24.9	25.4	26.0	26.5	27.1	27.6
14	22.4	23.0	23.5	24.0	24.6	25.1	25.6	26.2	26.7	27.2
15	22.1	22.6	23.1	23.7	24.2	24.7	25.3	25.8	26.3	26.8

（续）

溶液温度/℃	酒精计示值									
	20.5	21.0	21.5	22.0	22.5	23.0	23.5	24.0	24.5	25.0
	温度为20℃时用体积分数表示的酒精浓度/%									
16	21.8	22.3	22.8	23.3	23.8	24.4	24.9	25.4	25.9	26.5
17	21.4	22.0	22.5	23.0	23.5	24.0	24.5	25.1	25.6	26.1
18	21.1	21.6	22.1	22.6	23.2	23.7	24.2	24.7	25.2	25.7
19	20.8	21.3	21.8	22.3	22.8	23.3	23.8	24.4	24.8	25.4
20	20.5	21.0	21.5	22.0	22.5	23.0	23.5	24.0	24.5	25.0
21	20.2	20.7	21.2	21.7	22.2	22.6	23.1	23.6	24.1	24.6
22	19.0	20.4	20.8	21.3	21.8	22.3	22.8	23.3	23.8	24.3
23	19.5	20.0	20.5	21.0	21.5	22.0	22.4	22.9	23.4	23.9
24	19.2	19.7	20.2	20.7	21.1	21.6	22.1	22.6	23.1	23.5
25	18.9	19.4	19.8	20.3	20.8	21.3	21.8	22.2	22.7	23.2
26	18.6	19.0	19.5	20.0	20.5	20.9	21.4	21.9	22.4	22.8
27	18.2	18.7	19.2	19.6	20.1	20.6	21.0	21.5	22.0	22.5
28	17.9	18.4	18.8	19.3	19.8	20.2	20.7	21.2	21.6	22.1
29	17.6	18.0	18.5	19.0	19.4	19.9	20.4	20.8	21.3	21.8
30	17.3	17.7	18.2	18.6	19.1	19.6	20.0	20.5	20.9	21.4

溶液温度/℃	酒精计示值									
	25.5	26.0	26.5	27.0	27.5	28.0	28.5	29.0	29.5	30.0
	温度为20℃时用体积分数表示的酒精浓度/%									
0	33.6	34.2	34.7	35.3	35.8	36.3	36.8	37.3	37.8	43.1
1	33.1	33.7	34.3	34.9	35.3	35.9	36.4	36.9	37.4	42.7
2	32.7	33.3	33.8	34.4	34.9	35.4	36.0	36.5	37.0	42.3
3	32.3	32.9	33.4	34.0	34.5	35.0	35.5	36.0	36.6	41.9
4	31.8	32.4	33.0	33.5	34.0	34.6	35.1	35.6	36.1	41.5
5	31.4	32.0	32.6	33.1	33.6	34.2	34.7	35.2	25.7	41.1
6	31.0	31.6	32.1	32.7	33.2	33.7	34.2	34.8	25.3	40.7
7	30.6	31.1	31.7	32.2	32.8	33.3	33.8	34.4	34.9	40.3
8	30.2	30.7	31.3	31.8	32.4	32.9	33.4	33.9	34.4	39.9
9	29.7	30.3	30.8	31.4	31.9	32.5	33.0	33.5	34.0	39.5
10	29.3	29.9	30.4	31.0	31.5	32.0	32.6	33.1	33.6	39.1
11	28.9	29.5	30.0	30.6	31.1	31.6	32.1	32.7	33.2	38.7
12	28.5	29.1	29.6	30.2	30.7	31.2	31.7	32.2	32.8	38.2
13	28.2	28.7	29.2	29.7	30.3	30.8	31.3	31.8	32.3	37.8
14	27.8	28.3	28.8	29.3	29.9	30.4	30.9	31.4	31.9	37.4

（续）

溶液温度/℃	酒精计示值									
	25.5	26.0	26.5	27.0	27.5	28.0	28.5	29.0	29.5	30.0
	温度为20℃时用体积分数表示的酒精浓度/%									
15	27.4	27.9	28.4	28.9	29.5	30.0	30.5	31.0	31.5	37.0
16	27.0	27.5	28.0	28.5	29.0	29.6	30.1	30.6	31.1	36.6
17	26.6	27.1	27.6	28.1	28.6	29.2	29.7	30.2	30.7	36.2
18	26.2	26.7	27.2	27.8	28.3	28.8	29.3	29.8	30.3	35.8
19	25.9	26.4	26.9	27.4	27.9	28.4	28.9	29.4	29.9	35.4
20	25.5	26.0	26.5	27.0	27.5	28.0	28.5	29.0	29.5	35.0
21	25.1	25.6	26.1	26.6	27.1	27.6	28.1	28.6	29.1	34.6
22	24.8	25.3	25.8	26.2	26.7	27.2	27.7	28.2	28.7	34.2
23	24.4	24.9	25.4	25.8	26.3	26.8	27.3	27.8	28.3	33.8
24	24.0	24.5	25.0	25.5	26.0	26.4	26.9	27.4	27.9	33.4
25	23.7	24.1	24.6	25.1	25.6	26.1	26.6	27.0	27.5	33.0
26	23.3	23.8	24.2	24.7	25.2	25.7	26.2	26.6	27.1	32.6
27	22.9	23.4	23.9	24.4	24.8	25.3	25.8	26.3	26.7	32.2
28	22.6	23.0	23.5	24.0	24.4	24.9	25.4	25.9	26.4	31.7
29	22.2	22.7	23.2	23.6	24.1	24.6	25.0	25.5	26.0	31.3
30	21.9	22.3	22.8	23.2	23.7	24.2	24.6	25.1	25.6	30.9